黑鑽定律

哈佛頂尖1%人士成就卓越的祕密

鄭周榮——著
楊爾寧、陳品芳——譯

CONTENTS 目錄

推薦序

你是眞正的鑽石，而且是不容易被發現的黑鑽石

蔡淇華

哈佛大學的心理學家嘉納發現，深入鑽研一個科目的學生所獲得的成就，是漫無目的地完成九個AP科目學生的兩倍。爲什麼？

《黑鑽定律：哈佛頂尖1％人士成就卓越的祕密》告訴你答案——是「遮蔽信號」加上「深入理解」的結果。

重點是，要「遮蔽」什麼「信號」？要「理解」多「深入」？

這本書用大量的科學實證讓我們相信，要「遮蔽」社會發出的負面信號、「理解」自己的與衆不同後，才能「深入」挖掘自身的才能。

有些人因爲特殊體質，天生會「遮蔽」我們習以爲常的訊息，例如愛因斯坦，兩歲後才學會說話，而且說話之前，都要先小聲說幾遍，滿意後才敢說出來。家人以爲他有學習障礙。四、五歲時，父親送他指南針，他深受吸引，開始對物理學產生濃厚興趣。然而愛因斯坦在慕尼黑面對機械式的學習（就像臺灣傳統的聯考制度），文科永遠拿低分，他從世界接收到的唯一訊息是：「你是一個學校的失敗者。」

後來他決定放棄德國國籍，十六歲時到瑞士參加蘇黎世聯邦理工學院的入學考試。在那次考試當中，他在數理科得到高分，但卻沒通過文科考試，但當時的理工學院院長請他先完成高中學業，再來聯邦理工學院報到。

愛因斯坦慢慢「遮蔽」社會的負面訊號，在自己喜歡的物理與數學兩科深入學習，終於成爲現代物理學的宗師。

有的人可能要在後天學習後，才能學會遮蔽生命的雜訊、理解自己比他人更能深入的範疇，最後擁有自信與動力，成爲世上某一領域的大師。

本書也舉出瑪丹娜、季辛吉、卡拉揚等名人的實例，故事有趣又啓迪人心。當我看完這本書時，直覺相見恨晚，因爲好像看到自己一生的註解。原來我也是個有特殊體質的偏才，二十四歲前，我無法「遮蔽」聯考制度傳遞給我的失敗訊息時，所以一直是個「魯蛇」。等到我理解自己專注的能力異於常人，例如校刊、寫作、社會參與等他人不重視的領域時，我開始「遮蔽」他人澆淋的冷水，無悔地深入探索，終於成爲一個有自信的教育工作者，兼出版八本暢銷書的作家。

在一〇八年課綱著重「適性揚才」，與世界階級M型化的年代，每一個人都應該拿起《黑鑽定律：哈佛頂尖1％人士成就卓越的祕密》，好好省思自己的差異化，勇敢遮蔽那些「你不行」的聲音，然後深入自己的強項。

然後有一天你會發覺，你是眞正的鑽石，而且是價値更高，但不容易被發現的黑鑽石！

（本文作者爲作家、臺中惠文高中圖書館主任）

引言
突破十億分之一的機率

顛覆全世界的認知

一九八四年九月十四日，美國的MTV電視臺決定要在開臺三週年的時候舉辦頒獎典禮。不過這家歷史並不悠久的電視臺，讓那些遠近馳名的大歌手就算被邀請，也不會想來領獎。當時賣出千萬張專輯的超帥氣鬍子樂團ZZ Top甚至拒絕出席。將頭髮染成橙色的貝蒂·蜜勒和丹·艾克洛德兩位主持人，雖然想看上去更年輕而穿了奇裝異服出場，但看起來卻明顯是大叔與大嬸。目標要抓住年輕女孩目光的音樂電視臺，實在沒有太大的把握能利用這場頒獎典禮，讓少女們鎖定頻道。

更令人擔心的是，當年尚未走紅的歌手瑪丹娜，死纏爛打地要把自己的名字放進頒獎名單裡。就算想出所有能夠吸引人目光的賣點，也沒有人能有把握地講出誰會看這場頒獎典禮。

在這過程中，這位叫瑪丹娜的新人歌手不時提出要求，說自己的舞臺要這樣做、那樣辦。

「我的舞臺要有印度老虎。」

「不行。」

「我想唱我兩個月後發行的新歌。」

「不行。」

電視臺的人，沒有人會想聽這位沒沒無名的女歌手說這些有的沒的，《時代》雜誌甚至有位記者直接了當地評論她：「不需要幾年，瑪丹娜的名字就會從排行榜上消失得一乾二淨。」因此，最後妥協決定的方案是在舞臺上裝設一個大型的結婚蛋糕。當時，連瑪丹娜的企畫公司都沒有心思想要拉拔這位新人女歌手。雖然一開始將她包裝成黑人，讓她浮出歌壇，但業界相關人士對於歌手的壽命瞭若指掌，一致認為瑪丹娜不過是張即將過時的牌罷了。

典禮開始時，穿著故作年輕的主持人介紹了瑪丹娜，她在比自己身高高上好幾倍的大型蛋糕上登場，穿著新娘婚紗——緊縛身軀的胸衣、裙子、絲綢面紗、戴著珍珠項鍊——從蛋糕上走下來，開始唱起〈宛如處女〉（Like a virgin）。當天出席的業界人士都對這三分鐘始料未及——在現場目睹了至今仍膾炙人口的表演，並且在最後一分鐘瞠目結舌。瑪丹娜奪取了在場所有人的目光，因爲她穿著神聖的新娘婚紗，露骨地撫摸身體、暗示著性行爲。

唱出「當你第一次撫摸我時……」的那一瞬間，瑪丹娜的表演超乎業界人士的想像。表演結束後，雖然主持人稀鬆平常地開了幾個玩笑，但現場竟然沉寂了許久，沒有掌聲，因爲衝擊甚大。

「企畫公司員工走向我，說『這個女的完了。』所以我也開始打包行李準備走人。」瑪丹娜的宣傳負責人利茲．羅森堡如此回想。當時坐在第一排的美國唱片製作人阿圖．貝克也回顧道：「在表演結束後，所有人都認爲瑪丹娜的演藝人生會就此結束。」

在一九八四年到底發生了什麼事呢？爲什麼在場的業界人士就算親眼目睹這足以扭轉全世界女性保守觀念的歷史瞬間，卻全都錯過了改變的機會？爲了追根究柢，我們必須更深入地進行了解。

創造「十億分之一」的成功支點

一九八三年的某一天，在美國西部有位男作曲家，在開車時腦中突然浮現了曲子的靈感。

「在當時，我的生活眞的是爛得一場糊塗，連女朋友都向我提分手。在那之後，我便開始尋找新的寄託。」

在這像是什麼都結束的時候，他認識了一位新朋友，想出了這句歌詞：「總之我撐過艱苦的日子了。我既不完美又軟弱。我就是這樣的人。」

比利．斯坦伯格率直的告白，也給了同是作曲家湯姆．凱利新的靈感。凱利也認爲，這句歌詞和自己的生命有密切的關連性。他在這個時候也經歷了和妻子離婚，在最悲慘的絕望之中，期盼已久的歌詞就這樣找上了他。

雖然斯坦伯格和凱利對於這極具意義的創作相當滿意，但這首歌卻被許多唱片公司和歌手拒絕了。這兩位男性終於明白，沒有一間公司對於這些從男性手中寫出的纖細歌詞感興趣。

讓我們來聽聽斯坦伯格的回顧：「我們雖然四處尋覓能夠演唱〈宛如處女〉這首歌的人，但是每當曲終，大家都把我們當蠢蛋。當然，有幾位專家建議從歌名開始就得改掉。但這和以往他們所熟知的曲子是完全不同的新東西。我們決定就算專家再怎麼嘲弄，也不動搖。」

斯坦伯格的曲子，就這樣在音樂市場上漂流了一年之久，終於傳入當時華納唱片公司副社長奧斯汀的耳中。他表示把這首歌給瑪丹娜唱應該可行，瑪丹娜的製作人兼總監奈爾．羅傑斯認爲，〈宛如處女〉就當作是「陪榜」的曲目，和其他曲子一起綑綁販賣即可，但瑪丹娜卻愛上了這首歌，並認爲這是最重要的主打歌，首次向總監提出個人意見。

「奈爾，你有所不知。對少女或女性來說，失去自己的處女身分是非常重大的事情。這首歌所要傳達的訊息，擁有比拍子或旋律來得更強大的力量。」

在一年多的時光中到處碰壁、被稱作「蠢蛋」的兩位作曲家的表情，一瞬間變得開朗明亮：「她眞是我們的幸運星。」

但瑪丹娜卻誤解了業界的潮流。讓我們來聽聽奈爾．羅傑斯的說法。

「我原本想讓瑪丹娜主打〈物質至上的女孩〉（Material Girl）這首歌。我比起任何人都了解在這個音樂圈裡，歌詞什麼的並不重要。有什麼人會一面想著歌詞，一面跳舞呢？只有拍子和旋律能讓人聞之起舞。所以那時我並不支持瑪丹娜的決定，因爲我認爲她只不過是醉心於歌詞罷了。」

雖然唱片公司非常擔心她的決定，但瑪丹娜非常清楚那首歌擁有的價值。萬一做了錯誤決定，那將導致從業界消失的危機。但瑪丹娜自願負起所有責任，無視於周遭所有的異樣眼光。究竟是什麼讓她如此確信〈宛如處女〉會成功？

奈爾事後才承認：「瑪丹娜是超乎我預料的偉大藝術家。〈宛如處女〉為她和我的人生帶來一百八十度的轉變。」但我們還是得去看她創造歷史的那一瞬間，是什麼促使她做出決定的呢？

那就是她對處女身分最「深層的理解」。瑪丹娜曾有一段不幸的過去：一九七八年的秋天，她失去了處女身分。造成瑪丹娜不幸的，是一位黑人男性。她為了追求成功，到紐約市中心住進了一個破舊的月租房。但等待她的則是無治安可言的黑暗階梯、奪去她處女身分的男性。

而且當「總之我撐過艱苦的日子了。我既不完美又軟弱。我就是這樣的人。」這幾句歌詞出現時，讓她對於處女身分有更深入的接觸。

「這首歌有雙重意義。對於已經有性經驗的女性來說，這首歌也讓她們在瞬間重新回想起當年守護其處女身分時的感情。而對於男性來說，也是讓他們回憶女性與自己第一次戀愛時的光景。」

曾經對這段歷史進行調查的安德魯．莫頓也如此評論道：「大部分在一九八〇年代迷上〈宛如處女〉的，是長久以來受到社會中『非妻即娼』二分法壓力的人，以及被強加保守觀念的女性。」

當瑪丹娜的世界回到只有節拍和旋律的時候，她將周遭傳達給她的負面信號給遮蔽，並對圍繞自身的東西做更接近本質的理解。而這正是她想傳達出的信號——女性也該像男性一般，果敢地表現自己的性魅力，過更進取的人生。

在這些僅將音樂理解爲「馴服於節拍和旋律的女性在一個空間中跳舞」的業界人士眼中，穿著新娘結婚禮服做出性暗示表演的瑪丹娜，是極具衝擊性且無法接受的存在，但瑪丹娜懂得遮蔽這種負面信號。

她的高中同學，如此回憶著瑪丹娜：「我所認識的瑪丹娜，在學期間並不畏懼與眾不同這件事。在那個年紀，要不在意別人怎麼想，做出和別人不同的舉動，是非常困難的一件事。」

再讓我們回到一九八四年九月十四日，瑪丹娜改變世界的那一分鐘。當時坐在最前排的觀眾們喝倒采的時候，瑪丹娜的眼睛並不看向那些輕蔑她的人。因爲他們的眼光，從一開始就被瑪丹娜忽略。更令人驚訝的，並不是她對觀眾眼光的反應，而是在這「一分鐘」的瞬間，她充滿自信地正視著攝影機。莫頓如此記錄著：「或許在現場業界人士的眼裡，瑪丹娜膚淺的表演令人感到不快，但後來大受觀眾歡迎這件事情，是他們意料之外的。〈宛如處女〉是瑪丹娜有史以來最受歡迎的熱門曲目，這次演出可說是她最成功的決定，並且展現出瑪丹娜有多麼懂得利用鏡頭。」

美國搖滾歌手梅莉莎·埃瑟里奇也如此記錄這一分鐘的瞬間。「我在電視裡看過的表演之中，她的模樣是女性之中最勇敢、最性感的。」

如今瑪丹娜的財產進入一億美元俱樂部，她那決定性的一分鐘是不爭的事實。而且瑪丹娜驚人的「遮蔽」能力和深入理解她所要傳達給社會的訊息，創造了十億分之一的機率。

莫頓最後如此評價：「瑪丹娜象徵著美國移民心中根深柢固的美國夢。雖然這一生可能就只是個平凡的中西部女孩，但透過實現自己可能性的努力，得以從一介高中啦啦隊員晉身爲國際巨星，十億分之一機率因而實現。」

從現在開始，此書將透過「信號」和「深入了解」這兩個概念，闡明深藏在我們心中的強大力量。

Chapter 1

遮蔽信號的力量

1 不要被平均所騙

——成功只不過是存在於「平均之中」罷了。

關掉教室後面的照明

凱米托港位於巴拿馬，是個當地居民以漁業爲生的貧窮都市。當你遇見當地居民的時候，就算戴著有色眼鏡也無妨，因爲他們不是漁夫，就是修理船舶，或在漁獲加工工廠工作、市場批發販售漁獲。在這裡的所有人都跟魚有關、都靠魚維生。

在這貧窮的地方長大的小孩，就算再怎麼努力也擺脫不了漁夫的影子。雖然每個人各自使出渾身解數想要脫離貧困生活，但最後也只能在船舶上度過一生。在那之中，有位小船員叫做馬里安諾．李維拉。在這位少年八歲時，就有著傲人的身高和父親一樣健壯的體格。

當其他的船都因爲洶湧的海浪駛離時，只有李維拉的船長爸爸獨自拉下船帆，優雅地把魚抓進網裡。

「網子在船上，就不能賺錢。唯有網子在水裡，才能賺到錢。」李維拉將父親這句琅琅上口的句子牢牢刻在腦海裡。之後李維拉的船出了事，中斷了漁業，他便放下漁網，做自己想做的事情——拿起棒球棒。

這可是件明智的選擇，他擁有足以被紐約洋基隊球探挖角的控球潛力，而他也把握自己的才能，不斷增進實力。

逐漸綻放光芒的他被球探發現，一舉進入紐約市中心。一句英語也說不出口的李維拉，在美國數萬名觀衆前，卻一點也不緊張。

「過去曾在父親的漁船上工作，而現在則是在世界大賽中拿下優勝。請問您到目前爲止學到了什麼？」對於記者的提問，他以特有的謙虛表情回答：「比起認爲自己很厲害，不如說我爲了做到最好，付出了無盡的努力。」他在一週工作七天的文化中，看到自己的才能閃耀著光芒，並且在這項才能消失之前，不斷地精益求精。若才能和努力能夠相互配合，要在一個領域中脫穎而出並不是問題。但我們無法得知自己隱藏了多少才能，所以成功的首要條件，是必須努力。

隨著努力的程度，結果也隨之相異，在社會中提到個人成功時，「努力」的重要性聽到耳朵都要長繭了，但，果眞如此嗎？

當然，努力不是全部。社會必須要有個正確評價努力的系統，也必須給那些相較起來，程度不佳的人更加寬鬆的條件，定下更加彈性的制度。

爲了說明這些，李維拉可以再次成爲最佳例子。原本認爲李維拉沒有游擊手才能的球探奇哥．海倫，接到了要求重新確認李維拉才能的電話。

「我已經確認過他當游擊手的樣子了。」

海倫對捕手克勞迪諾．賀南德茲和中外野手艾密力歐．蓋茲這樣說。

「你還沒看過他當投手呀，你必須親眼看看。」蓋茲說道。

「相信我說的吧！我親手接了他的球，這孩子有能力把球丟到他所想要的位置。」賀南德茲隨即附和。

其後，海倫決定重新確認李維拉身爲投手的能力，並驚覺自己判斷錯誤，立刻和李維拉簽了約。

由此可知，現今這粗糙的社會體系，非常容易錯失擁有才能的孩子。

MLB傳說中的「第四棒打者」泰德．威廉斯曾給過大家一個忠告：「練習、練習、再練習。我練習揮棒，直到手上的水泡破裂，練習到手心長滿硬繭，不斷地自我鞭策。各位如今很難再看到別的選手手上有這樣令人生畏的硬皮了。當然這也是因爲最近很多選手都習慣戴著高爾夫球手套在打擊，更重要的是因爲沒有像我一樣，做過那些殘酷的練習。這是一個非常重要的問題所在。」

圖1-1 老化曲線

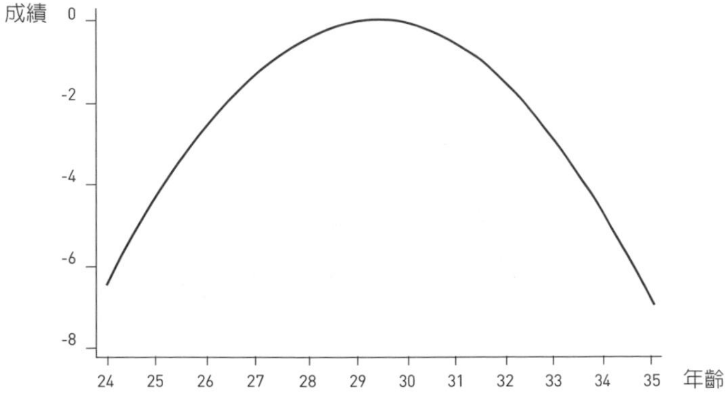

出處：棒球章程

凡是成功的人，無不強調努力的重要性。愛因斯坦曾說：「我不是因爲聰明，我只是研究問題研究得更久罷了。」他這樣否定了自己天資聰穎的事實。

史蒂芬．金也曾說：「我的才能比人們用的鹽巴還來得普通。」有風度地包裝了自己的努力。

此外，有著「棒球數據之父」稱號的比爾．詹姆斯在檢視數千位成功選手後，推出了可以看見努力光譜區間的重要發明，也就是「老化曲線」（圖1-1）。這個老化曲線與我們的直觀並無二致。

如果認爲這個圖表只是單純畫出身體的老化過程，那請看另一張諾貝爾獎得獎主閃耀光芒的時刻、世界級天才們所有成就的圖表（圖1-2）。

比爾．詹姆斯的成功曲線，就像公式一樣

圖1-2 可創造最佳革新的頂尖年紀（二十世紀諾貝爾獎得獎者與革新發明家）

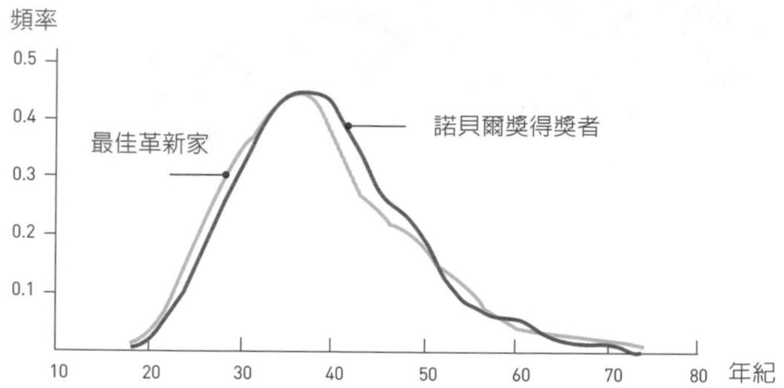

出處：〈伴隨年齡的偉大革新〉，班傑明・瓊斯

適用於所有區間。以生物學的觀點來說，頭腦處理能力最好的期間在十幾歲後段的時候；在奧運中展現最佳體能技術的年齡則是二十幾歲；成爲數學家、物理學家登場的最佳年齡則是三十幾歲；身爲醫師，最能救活病人的年紀是四十幾歲。而最令人矚目，全世界最會賺錢的世界級CEO們的平均年齡則是五十五歲，一旦脫離這個區間，再怎麼厲害的人也會開始走下坡。而在奧運中只要一過可奪牌的平均年齡二十六歲，就面臨著失業危機，就像大學難以接受超過一定年紀的學生，公司則憑一紙資料輕易過濾人才。

但在這一切過程之中，我們沒有遺漏掉什麼嗎？在教室後方被關上燈、不知所以然的孩子們、在球探眼中看不到「才能」兩字而消失的選手們，以及沒沒無名的科學家、三流音樂家們，都得受到這樣的待遇嗎？難道是因爲他們不如李維拉努力嗎？

透過這本書，一起揭示這些問題的全新解答。爲此我們要造訪心理學者的新理論及實驗室，重新點亮曾經備受矚目的孩子的光芒、在教室後方被忽略的孩子。

爲什麼東方人一到了美國，數學就壓倒性地好？東方人的數學眞的原來就很好嗎？努力的結果都一樣嗎？

當所有人都仰望、崇拜著第一名的時候，我們已經關掉自己的照明太久了。現在就一起來看看，我們錯過了什麼。

平滑的成功曲線謊言

奈特．席佛戴著黑框眼鏡、留著沒精神的瀏海，外表看起來不像是個已經四十幾歲的人。雖然他每次在受訪時，雙眼無神的樣子令人印象深刻，但他不論在美國還是全世界，都是備受矚目的統計學者、預測未來的超級巨星。

他在二〇〇八年預測歐巴馬將獲得勝利，甚至正確預測出具體數値，還在大選票匭開啟之前，給出全部三十五位參議院議員的正確名單。許多報章主張他有某種「神的氣息」，《時代》雜誌更令其進入「全世界最具影響力的一百人」殿堂之中。

席佛在回答誰將入主白宮這類龐大問題之前，先要求大家對就讀一所普通高中的學生們進行一學期的觀察。

「就當我們要預測這些人之中誰未來會當醫生、律師、企業家，而誰只能艱難地勉強餬口好了。各位或許會去看這些學生的在校成績、SAT分數，又或許會去看誰交了最多朋友。但其實，你有很多部分也只能夠『依賴估計』。」

直覺上最簡便的方法，就是以SAT分數去篩選出考得上哈佛大學的學生。但這次你的預測非常有可能失準。曾經擔任過哈佛大學院長的哈利．路易斯，會這樣回答：「有很多學生在進了哈佛之後，原地打轉一兩個年頭才得以開竅。因爲這些孩子們搞不清楚，自己過去爲什麼要這麼認眞念書。」

未來的律師和大企業家們，反而是在教室裡，照明被關掉的孩子們，卻在逆境之中更有意義地登場。席佛注意到的就是這點。他在判斷哪位選手會成爲超級巨星、誰會入主白宮、哪位候選人會重新發揚光大時，並不依賴我們之前所看過的成功曲線。

那麼，就讓我們重新帶入詹姆斯的成功曲線。詹姆斯所指稱的「平均值」，在選手時值二十七歲時，無疑是個決定性時刻。因此球探們無不希望找到能在二十七歲以前就畫得出美麗上升曲線的選手。

名門大學挑選學生的方式，或是企業尋找新人才的時候，都帶有一定的期待值，以

圖1-3 打者的老化曲線

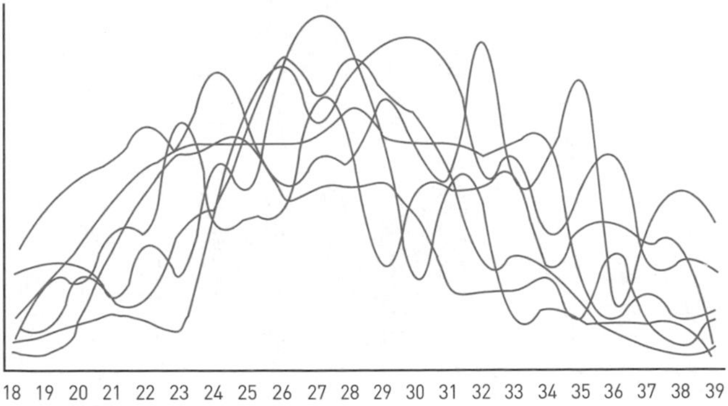

出處：《精準預測．如何從巨量雜訊中，看出重要的訊息？》，奈特．席佛

過去爲基準，尋找數值往上攀升的人才。

但是詹姆斯的曲線，卻不偏不倚地掉入了平均的「圈套」，這就像是美國平均「每個家庭擁有一．七位子女」的敘述一般無意義，只是統計上的簡化罷了。更重要的是，他指出我們所熟知的成功曲線「爭議很多，多到令人傻眼。」

「平均」無法說明在底層咬緊牙關重新站起來的人，以及曾經備受矚目的優越人士的墜落。因此精算師葛瑞．哈卡貝重新將數千位選手的「平均」字眼消除後分析，結果如（圖1-3）。有相當多驚人的故事隱藏其中而不爲人知。

首先，在備受期待的選手們之中，有相當多人無法突破自我，在壓力下跌落谷底。再者，因爲我們認爲可能性不高而被忽略的選手，卻又搭上上升曲線而飛黃騰達。最後，我們對於成功的既有想法竟然是錯誤的。所謂圓滿成功，只不過存在於「平均曲線」之中罷了。

達拉斯大學的湯瑪士．韋斯特教授在美國心理學領域中被認爲是頂尖中的頂尖人物，他指出：「在有創意的人之中，大多數是在年輕時提出自己最棒的想法，平均於二十歲之前創造出來。但是我們也必須『強烈地』去思考在這模式以外的狀況。」

那麼就讓我們來想想名留青史的物理學者麥可．法拉第。他兒時因爲家境窮困，沒有上過學，只會加減之類最基本的算數。接著在二十歲之後才得以翻閱化學入門書籍的他，開始對化學的世界著迷不已。但是，法拉第的頭腦不算好，他在入土爲安之前，也只會做簡單的代數計算，連三角函數都不會。

學術程度上只到小學生以下水準的法拉第，在二十歲踏入科學領域時，科學家們雖然歪著頭說「就讓我們來看看這孩子多有能耐」，但對他來說，可是有著超越這種看法的決心。

韋斯特這樣說明：「在這個年代，就算是睡在路邊的貧窮小孩，腦袋也比法拉第小時候好多了，而且不會更差。但是，法拉第篤信於自我開發。他雖然幾乎沒上過學，但小時候卻熱中於研讀以撒．華茲的《精神開發》等激發靈感的自我開發書籍。」

平滑的成功曲線，當然無法捕捉突破個人逆境而站起來的人的意志。法拉第的科學發展雖然速度不快，但他的成果卻相當成功。

法拉第發現電磁迴轉的年齡是三十歲，在四十歲時發現電磁感應現象，在五十四歲時發現磁氣光學效果和抗磁性，所以他在快六十歲時才得以將抗磁性做爲證據，爲自己提出的「力場」概念進行辯護。

相反地，有許多年幼時期被稱讚爲「神童」的人，經常歷經想法更加深化發展（有時朝著更加明瞭的方向），或是固執地堅守自己的理論時期。就像集各界期待於一身的選手們，在自己的負擔之中墜落谷底的理論。

那麼，讓我們回到高中教室。到底在這之中誰會當上醫師？誰會當上律師？誰將來只是勉強餬口度日？席佛只是小心翼翼地將「哈佛」視爲較強力的參考指標罷了。

我們在篩選誰會進入名門大學，以及從中挑選傑出人才的時候，有多少位一開始就不被看好的法拉第？我們會認爲從三流大學畢業的孩子，能夠重新起飛嗎？比起這些，我們多數人仍認爲這些孩子大部分都會在競爭中退敗。

羅森塔爾的手指

曾擔任哈佛大學心理學教授的羅伯特·羅森塔爾，曾經從舊金山的一所小學當中隨機抽選二〇%的學生，並將這份名單交給教師，同時表示這些人是智能指數高的學生。

而令人驚訝的是，八個月後，這份名單上的學生的平均成績，比其他學生都要來得高。成爲羅森塔爾最知名的這項實驗，其實並沒有什麼特別之處，他只是一邊說著：「我是哈佛教授，我認爲這些孩子最特別。」一邊咻咻咻地隨意挑選孩童進名單，就這樣改變了他們的命運。

比起和席佛一起在高中教室裡苦惱誰未來會有好發展，說不定用羅森塔爾的手指來教育孩子還比較有用。社會給出的信號是如此強烈地影響著我們，但如果羅森塔爾沒來的話，又該如何是好？

讓我們重回李維拉的棒球場。

當大家都在關注像是李維拉這樣的超級巨星時，我們來到一間照明燈被關掉的休息室。

有一位棒球選手在休息室角落呆坐許久，他是達斯汀．佩德羅亞，雖然當時才二十五歲，可是頭髮卻已經沒剩幾根。當他穿上制服時，凸出的小腹更爲明顯，就算佩德羅亞拿出識別證，警衛也不相信他，還叫來更多警衛阻止他進入球場。

而第一次見到佩德羅亞的教練，還用一臉正經的表情打電話給前臺：「眞的是選這位選手來我們隊嗎？」更何況他也不像是醜小鴨那樣，有著一兩個潛在的才能。

「佩德羅亞沒有得以對抗大聯盟投手的力量和打擊速度，力氣也不夠。如果他能夠維持二成六的打擊率，那還有用，但就算他能夠當三壘手或游擊手，也只能當作備用的選手。」爲選手排名的雜誌《美國棒球》，更在一百位新人棒球選手之中，將他排名在第七十七名。

他在棒球世界中，完全被當成透明人來看待。但堪薩斯市皇家隊知名選手喬治・布列特猶如斥責考試考差的小孩一般，給他忠告。

「佩德羅亞你身高不高，但卻大幅度地胡亂揮棒。你應該要像個身材矮小的人一樣行動才是。降低揮棒的幅度，好好把球打到場內方向，反倒會好很多。」

在衆人的無視與懷疑之中，佩德羅亞只留下這句話：「不論如何，我就只專注在球棒和球！」接著參與了十五場比賽。佩德羅亞用遮蔽負面信號的方法，讓他每季的打擊率從一成五八提升到三成三六。開始了詹姆斯的平均曲線從沒出現過的全新成功公式。

佩德羅亞在二〇〇七年獲得美洲新人王的稱號，隔年便優雅地成爲菁英選手，獲選爲MVP，一億美元的簽約金就這樣送到他的桌上。

布列特最後承認自己所犯的錯誤，而佩德羅亞用自己的實力來證明布列特是錯的。那爲什麼沒有人能看出佩德羅亞的可能性呢？歸屬於世界級的人才們，爲什麼會以身材短小、揮棒姿勢怪異爲理由，下了「他是一名一無是處的選手」這個結論呢？

這和佩德羅亞掉光的頭髮沒有關聯，而是和至今未透露的部分有關。爲了探討這個議題，我們需要再去尋找更基本的地方。

沒有比這更重要的東西

佩德羅亞是個打擊手。

在棒球界要成爲完美的打擊手，代表著什麼呢？

波士頓紅襪隊打擊王泰德．威廉斯如此定義打擊手：「我認爲打擊是種自我領悟。它是件需要愼重地思考、把握狀況、分析對手的事情，更重要的是，要非常了解自己。因爲了解自己需要相當多的努力，所以在棒球場上最重要的變數，就是打擊手。」

但就如同威廉斯的敘述一般，對現今的打擊手來說，要專注自我是一件「相當困難的事」。要是你因爲能夠好好揮棒，讓數千萬美元得以突然進到自己的戶頭，會露出什麼樣的表情呢？想做的事情眞的多如繁星，而你所有細微的一舉一動，便等著被評價與被批評。記者們的相機與快門毫不停歇地圍繞在身邊，至於你，則是必須與這一切不知何時會消失的不安感戰鬥，而且在休息室裡，也有希望你趕快退休的選手正排隊等著。

在這個年代，有無數使人分心的衆多因素環繞著棒球選手。因此，比起了解自己，更像是從周遭反覆的評價來塑造出自己的模樣。

相反地，在威廉斯擔任棒球選手的一九四〇年代，因爲連飛機都沒有，搭乘超過十小時的火車是一件稀鬆平常的事情。當時沒有智慧型手機可以滑，只能和大家面面相覷，而大部分選手們都會聊有關打擊的話題。棒球界傳說中的第四棒打擊手和史上總和打擊率第二名打擊手以及打擊王們，就在火車的座位之間來來去去。其中被打擊手們推舉爲最棒的教練喬・克羅寧和選手們一起討論打擊，引導他們深入思考，讓他們整備身爲打擊手的自我。

「當時我連部電視都沒有，也賺不到能拿去投資或享樂的大筆錢財。我處在一個可以讓自己專心致志於棒球的環境當中。」佩德羅亞如實遵循其給予的教訓。他是波斯頓紅襪隊選手中最先到球場的，而且不僅是禁酒，他的生活沒有任何棒球以外的餘興活動。他以驚人的態度，遮蔽衝著自己來的各種雜音。詹姆斯如是說：「幸好，佩德羅亞擁有極佳的自信。如果他的個性是會因爲其他人說的話而膽怯，那麼或許他會自我放棄而退縮也說不定。他不聽別人的話，固執地挖著同一口井，持續增強那又大又強力的揮棒。如此一來，終於發生新的事情了。」

以一般平均水準的運動選手來看，佩德羅亞不像他們一樣，畫著詹姆斯的成功曲線、先訂下自己的退休年齡和爲帳戶餘額目標而努力。一般運動選手都會煩惱的每季優勝會多賺多少錢之類的問題，他也絲毫不曾認眞思考過。

佩德羅亞反而讓所有業界人士跌破眼鏡，他在獲得MVP後，隨意簽了四千零五十萬美元的契約，就轉頭回到球場練球了。後來西奧．艾普斯坦總經理甚至透露，他因爲這份契約「太少錢」，違背了自我良心而自責著。但花上許多時間，去針對一般人難以想像的數千萬美元做年薪協商，反而只會讓佩德羅亞精神渙散罷了。有次他的同事大衛．歐提茲在天剛破曉時去做訓練，佩德羅亞已經在場揮著球棒了。

「在我的棒球生涯中，從來沒看過像他那樣完全投入棒球的選手。」

若遮蔽雜音，便能完全專注，而這專注更能打破其他人所認爲的「沒才能」判定。在佩德羅亞獲得MVP之後，記者們追問超級巨星大器晚成的祕訣，他這樣回答：「你們懂什麼？不管是數字還是統計，我一眼都沒看過。我考慮的只有勝利的『W』和失敗的『L』罷了。對我來說沒有比這更重要的東西。」佩德羅亞的語氣非常直接，也非常具有攻擊性。儘管如此，我們也能理解這場得以看出他傷痕所在的訪談。

另一方面，當時在伍德蘭市放掉佩德羅亞的才能的一位球探曾要求匿名，在媒體上吐露他錯過佩德羅亞的嘆息：「我當時下的評語是這樣的：『佩德羅亞很明顯地連變速球的球路都看不出來，若睜一隻眼閉一隻眼，他的能力也只能是平均值，但若認眞地說，其低於平均值的部分相當多。』若我將佩德羅亞選爲第一棒打擊手出戰，人們還會認爲我這位球探正常嗎？雖然我放掉佩德羅亞這件事非常可惜，但他當時確實是低於平均值的。」媒體問他：「眞的是這樣嗎？」球探如實以告：「是的，這是我當時下的判斷，如今佩德羅亞靠自己的能力獲得成功了。」

最重要的一點，是佩德羅亞絲毫不在意專家們殘酷的評價。他用這樣的遮蔽方式，畫出全新的成功曲線。佩德羅亞正正當當地成爲MVP，更不將球探們茫然的表情看在眼裡。在他眼中，只有棒球和球棒，這純粹的專注超越了所有統計圖表，創造了全新自我。

在他身價攀上一億美元的隔天，他又像什麼事都沒發生似地，在大家都還在熟睡的清晨五點，獨自揮著練習用球棒。

2 信號的力量

——改變信號，比改變貧窮、遺傳因子等更實際。

季辛吉的光芒

在希特勒以第二次世界大戰讓全世界陷入恐慌狀態時，前美國國務卿亨利·季辛吉在德國福爾特出生了。而更不幸的是，季辛吉一睜開眼睛，就身爲猶太人。這狀況實在令人非常絕望，反猶報紙《衝鋒報》的創始人尤利烏斯·施特萊徹在季辛吉出生的這一年，將包含他在內的猶太人稱爲「一群細菌」。

但就像在非洲出生，且即將面臨餓死命運的新生兒仍然擁有天眞爛漫一般，季辛吉不畏隨時來臨的死亡，忙著踢足球。

如果他帥氣地踢足球，女學生們的視線都會集中在他身上，甚至還有傳聞說只要有女生穿裙子，季辛吉就會跑去要求對方和他交往。

雖然父親是學校教師，季辛吉的眼裡卻只有圓圓的球，學校成績也都如個人評量表上所說的「不像話」——導師們評論他在足球上沒什麼過人的才能，只是位在教室裡常見的不念書、該被分配到後排座位的學生罷了。畢業時，他所有科目得到的成績皆是清一色的C，不過卻在物理和化學得到B，而這也是他爸爸沒再多揮藤條的唯一理由。

「每次只要季辛吉說『出來玩吧！』我爸媽都會說『萊恩不在』，然後當場把我送去青少年夏令營去，深怕我學壞了。」萊恩是季辛吉最好的朋友，但他的父母在當年是最可怕的那種家長。

不過季辛吉成長於如此和平的世界，卻隨著時間漸漸崩解，只因為希特勒的影響力日漸增加。

在希特勒向德國人民高喊要把「猶太細菌」清洗乾淨的時候，多虧季辛吉的父母抓著他的手，奔逃到紐約市中心去。

接著他的世界便開始崩塌，沒逃離的猶太親戚就像他充滿憤怒的描述一樣——「在毒氣室裡嘶聲力竭，成為『肥皂』了」。

而季辛吉的父親因為害怕露出自己厚重的口音和錯誤文法，選擇緊閉著雙唇，臉上表情從之前揮執教鞭的強硬態度，變成像被嚇壞的老鼠那樣膽怯。

目睹自己的世界全然崩壞的季辛吉，並不像他爸爸那樣決定閉上嘴，反而是小心翼翼地開始從嘴巴吐出英語。諷刺的是，在德國時，他的成績單上最一敗塗地的科目就是英語。

再加上季辛吉所在之處，並不是親切地用德語教英語的教室，而是紐約市中心。對字母都不上手的人來說，混雜著俗諺和複雜音調的紐約市中心，讓所有人的嘴，包括自己最敬愛的父親，都閉得緊緊的。

就在這個時候，季辛吉相當矛盾地變了個人似的，他的一舉一動開始像是個剛從德國回來的準哈佛學生一樣。曾經坐在教室最後面位置的季辛吉，行爲舉止開始符合自己的黑框眼鏡形象，成績單上的所有科目突然變成清一色的A級分，不知所以然的紐約教師不禁感嘆他那爆發性的學習意志。英語雖然稱不上是完美，但卻快速地被征服，更驚人的是圍繞在季辛吉身旁的「光芒」。

他的同班同學是這樣記錄著當時的狀況：「季辛吉在最頂級的班級裡，同時也是最聰明的。但並不只是單純因爲他在學習方面的卓越成就令我們感動，更重要的是，季辛吉對『學習』抱持著激情，他懂得如何將學習到的眞正價值傳播到所有學生身上。這種光芒，讓他得以脫穎而出。」

當然，哈佛大學可不會放過這種學生。進入哈佛大學的季辛吉，就算站在世界頂級○．一％的人才面前，也笑得出來。他的成績單依然一如往常地耀眼，其畢業論文吸引哈佛最具學術權威的查爾斯．艾略特教授的目光。

一出哈佛大學的大門，美國便將其命運交到差點在德國被變成肥皀的季辛吉手中，這是再明智不過的選擇了。他爲越南戰爭劃下休止符、改善美國與中國的關係、獲得「諾貝爾和平獎」，並在外交史上寫下令人難忘的篇章。

是什麼造就出了如此令人難以置信的變化？研究如彗星般登場的季辛吉的學者們，注意到紐約教室裡最一開始的變化，因爲學業上的優秀性是從這裡開始的，但光是這樣卻不夠充分。

在自己母語環境下只能拿到平均值以下的學生，突然毫無準備地來到全新環境，卻能夠嶄露頭角，這在我們所理解的平滑成功曲線之中，是完全不存在的成功公式。

不過在先前，我們透過佩德羅亞堅持揮棒到最後的球棒以及法拉第的故事，確認到社會給我們規定的限制與實際上自己的極限是不同的。

雖然這個社會總在尋找最耀眼的人，並區分勝利與失敗，但因爲所有光芒的綻放方式都相當多元且大不相同，再加上我們選擇如何接收這些信號，在各自的成績單上也會引發相當多的變化。

這變化令季辛吉獲得驚人的力量，或如社會預想的一般燃燒殆盡、窮困潦倒。

在闡明此種現象的過程中，全世界的頂尖心理學家獲得了許多嶄新發現。爲了理解季辛吉的變化，我們需要去探究更根本的部分。

發現本質力量的遮蔽法則

若曾追溯在特定領域有所成就的人們成功過程，你會最先看到哪個部分？一般來說，我們會先看這個人在該領域所投入的努力和時間，要不就是看這個人出生時是否天賦異稟，或是評價父母有多支持這孩子的才能。

但這眞的是成功的必要條件嗎？優秀的心理學家們比起我們這些泛泛之輩，更根本地爲這個問題煩惱許久。而且在研究當中，首先令人驚訝的是，比起個人想努力的稀薄意志，圍繞在成功人士周圍的正向環境信號，是讓他們更加努力的關鍵。

爲了確定這點，我們先來看看主修心理學的神經生理學者班傑明·利貝特的實驗室。如果要成爲這具歷史性的實驗的參與者，其實不必做什麼特別的事情，在這裡，利貝特只簡單要求我們自由地彎曲手指或是手腕。不說其他的，至少移動手指這件事，是自己決定要做的，難道不是這樣嗎？

接著利貝特會確認你的腦部活動，令人驚訝的是，在你下意識決定要彎曲手指之前，監視器上顯示腦已經下達指令的模樣。腦對「環境信號」產生反應的速度，比你的意志來得還要快，快到令人絕望的程度。

就結論上來說，在利貝特的實驗室裡所做的一切行動，並不存在你的自由意志。比起追究自己的意志，不如抬起頭來看看周圍環境傳達了什麼東西。利貝特的臉上堆滿微笑，因爲他知道那令人印象深刻的研究，若經過其他學者的檢驗，就越能確認該實驗結果是正確的。

利貝特的研究，成了研究被趕出教室的學生的一項重要但書。史丹佛大學心理學家克勞德·史提爾表示，得到糟糕成績的學生們被負面環境的信號給包圍著，越是如此，他們越確認學校並不是能讓自己成功的合適場所，而且圍繞在身邊的負面環境信號，更使他們陷入惡性循環，從競爭中被刷落。

這是非常反直觀的事情，因爲對一般人來說，只會判斷這些被推到後段班是一群不夠努力的學生，但心理學家們卻關注讓他們努力的環境信號。學者們發現，成績差的學生並沒有做出和頂尖學生一樣的行動，他們沒有解答高難度問題的意欲，而是在答題之前就先想著自己解不出來。這是和努力毫無相關的問題。

如果先遮蔽這些信號，再重新開始念書的話會如何？史提爾和他的同事們來到學校，把成績在中段程度的學生先帶出來。再將之分爲三類，對他們投擲相當簡單的「環境信號」。

首先對第一組學生傳送了「要和前段的學生競爭才行」的信號，而第二組學生若被拿來和前段學生比較時，則遮蔽這些負面的環境信號。而第三組學生除了遮蔽負面的環境信號，更傳輸「培養自己的能力是有意義的事情」的正面訊息。這些簡單的信號，眞的能夠改變什麼嗎？如同史提爾的說法，用肉眼是看不出變化的。學校教師和之前一樣，教科書也一字未改，試卷一如往常地客觀，再加上一般人也認爲，不會念書的學生口中所說的自卑感只不過是個藉口罷了。

但是史提爾最後得到了備受全世界心理學家矚目且誰都意想不到的結果：將「不會念書」的環境信號從不會念書的學生身上遮蔽，他們的成績躍升兩倍之多。特別是在第三組學生們身上，這樣的反轉效果隨著時間推進，成效就更加強大。原本只能就讀沒沒無名的州立大學學生，卻收到了常春藤盟校的入學通知。在這驚人的研究中，絲毫未改變外在，這所有的變化都發生在學生的內心。

由史提爾發現的這個現象更令人印象深刻的是，不管你的遺傳物質和父母是什麼樣的人，抑或過去有多麼認眞念書，都能夠引起這種變化，也就是說，遮蔽現有的環境信號，專注在目標上，便能產生變化。

「遮蔽環境的信號，比起改變貧窮或遺傳物質來得更實際且明顯有益。」一如史提爾對於這項研究的結論，遮蔽負面信號，便能令個人更接近潛在的力量。而哈佛大學的心理學家海德．格雷教授接續史提爾的研究，對正面環境信號卻抱持著疑問。

如果說劣等生因爲負面信號讓成績落後，那如果對頂尖一%的學生遮蔽一直以來影響他們的正面信號，會發生什麼事呢？

哈佛大學的瑪格麗特·許教授透過實驗，關閉了那些給頂尖學生的肯定信號。接著便發現這些學生陷入無法確認自己優越感的狀況之中，在面對高難度問題時，成績顯著下滑，但是若讓他們重新與中段學生競爭，頂尖學生的成績又顯著上升。

許的研究令我們感到驚訝的是，中段學生所帶有的自卑感，竟然能夠成為頂尖學生感到優越感的燃料，特別是這種優越感信號比起以往明顯時，頂尖學生們的成績會顯著地躍升。就像享受特權一般，成績向上提升了，但若其燃料消失，他們的成績又會再次滑落谷底。

這樣的效果實在太過分明，被心理學家們透過各種領域的實驗反覆證明，某個人在低層的位置以及崩壞的自卑感，反而能成為別人的優越感和勝利感來源。

在心理學家們的觀察下，目擊到環境信號對於某些人來說是良性循環，但對於某些人來說卻是惡性循環。

那麼，如此龐大的差異是從什麼時候開始的呢？耶魯大學心理學教授理查·尼斯比特在我們幼年時期，在很細微但卻具決定性的「認知文化」中尋找答案。

心理學家的觀察結果指出，擁有專業職業的父母每小時可對小孩使用兩千個單字，但位處勞動階層的父母僅能使用一千三百個單字。而到了小孩三歲時，專業職業父母家庭的小孩可聽得懂三千萬個單字，而勞動階層家庭的小孩僅能聽得懂不超過兩千萬個單字。小孩在這個時候已歷經了相當多的學習量差異。而巴黎南泰爾大學的派翠克・高斯林對教師們如何解釋學生的成績進行了研究。其研究結果顯示，教師們對於學生成績遲遲不進步的理由，往往都是在家庭環境中尋找答案，而對於優秀孩童的成績，則一致表示是因爲教育團隊的優秀指導能力。

結果在這過程中，孩童們的才能有一定程度地被忽視，正向的環境信號隨之消失。大部分的孩童因此落在中段成績的程度上。但是進入頂尖圈的學生們的成績，不斷地因爲「羅森塔爾的手指」持續累積並強化。

史提爾改變的部分，是遮蔽此種具有破壞性的信號。一如社會心理學家勞倫・貝格所說：「對於自己的想法，有相當大部分是來自於他人的判斷。」

他們的研究結果顯示，比起我們的意志力，正面信號反而更加有用。學生們手中拿著同樣的鉛筆，爲什麼有些學生能夠堅持到最後，而有些學生卻中途放棄？這個問題的答案如今解開了，正是因爲每個人各自接收到的信號不一樣。若說你是第一名，便會像第一名一樣行動，但若說你是吊車尾，行爲舉止就會像個吊車尾一樣。耶魯大學教授威廉・德舍維奇透過一位哈佛大學學生的論文指出這點。

「有位四年級的女學生寫了有關哈佛大學的論文。她在論文中描述母校哈佛大學替學生灌注效能感（對自己的能力期待、評價之意）是非常有效的，像是『出社會後，可以做任何自己想做的事情。』這樣的話語。此外，如果有學生拿到A的成績並說『題目太簡單了』，也就會有學生說『因爲我很聰明』。雖然聽起來有點像是在炫耀，但這位女學生想說的是，在哈佛大學裡很多如同後者這樣說話的學生，自我栽培的能力很強。」

不過，與他們不同的是，大部分平凡的學生總是獲得越活越平凡的信號。

接收平凡信號的學生們無論如何都說不出「因爲我很聰明」這種話，相反地，會說「因爲我如此平凡」等更爲熟悉的句子。如果身邊的信號不是第一名的信號，那我們就得把它遮蔽掉。

心理學家安．克莉斯汀．波斯丹的研究結果也指出，環境的信號必須得到我們的信賴，才能發生其影響力。

「所有的環境信號，必須要認爲是發送給自己的，才能發生影響力。我們發現，如果不認同發送給自己的負面環境信號，對個人來說就會有明顯遮蔽的現象。不管是誰，都能夠認同或拒絕影響自己的信號，其影響力之大，已透過研究結果呈現。人類在成長過程中基本上信賴社會體系，也進化成會去信賴環境給自己的負面信號。不過，現在我們有了明確的理由拒絕它。」

如果我到教室裡對學生說「你是外星人」，沒有人會對我所說的話有反應，但如果叫來一些程度中段的學生，對他們說「你的認知思考能力比其他學生來得要低」，那麼這幾位學生的成績便會顯著地下滑，這便是社會心理學家們所發現的事實。學生們會吸收被動接收到的信號，但如果知道遮蔽該信號也是自己的選擇，學生的成績便不會下滑。

就結論來說，帶有自卑感的學生若屏除情感，重新客觀地認識念書的意義、完全集中自我，就會和曾經坐在教室後面的季辛吉在哈佛大學綻放著光芒一樣。讓我們重新回到季辛吉身邊，來確認看看他有沒有應用這個遮蔽法則。

只剩下本質的空間

以俐落外表深得女同學青睞的季辛吉，回顧自己小時候時透露道：「要不是因為希特勒，我可能會追隨父親，平凡地當上學校教師。」不過，他的母親寶拉更直接了當地感嘆：「雖然是我的兒子，但不得不說，他真的很了不起。小時候他非常痛恨教室。兒子每天逃離教室，而我每天的工作就是去把逃離教室的兒子找回來。」季辛吉長大後進入符茲堡神學院時也沒什麼兩樣。

他進入那所大學的原因，是因爲在當時對他來說沒有更好的選擇。身爲成績單上滿滿是「C」的少年，在學校已經是無意義的存在，身爲猶太人的他，在學校外的社會，是應該消失的個體。和季辛吉同爲猶太人，飽受歧視的朋友如此回憶當年：「我們不能和其他小朋友一起去游泳池。也不能去咖啡廳，在遊樂場也被列爲禁止進入的對象。到處都寫滿『禁止猶太人進入』的標語。我們被當成病菌一樣看待，同時也都是帶著自卑感長大的。」

最後季辛吉的世界隨著希特勒一同瓦解的那一瞬間，好友萊恩的父親對著正在逃走的他說了這句話道別：「當你再次重新回到這土地上時，一切都會改變。」季辛吉的母親小心翼翼地描述：「那是季辛吉開始對周圍的所有東西產生斷絕感的時候。」

來到紐約喬治華盛頓高中的季辛吉，在教室裡安靜地打開書本。

在紐約，父親沒有因爲季辛吉不好好念書而揮舞鞭子，因爲父親面臨著更巨大的恐懼，而母親獨自頑強地支持家計，季辛吉則再也沒有去踢足球。

不過，當他打開書本時，爲時已晚。季辛吉身爲英語最不好的外國人，坐在只能說英語的教室裡，一點正面肯定的信號也沒有。雖然才剛抓起鉛筆，命運卻將他導向工廠，早上工作，晚上穿上校服打開書本，再加上他也不是個有很多念書經驗的學生，對於這位萬念俱灰的學生來說，還能期待什麼呢？就算是二十年後他出現在工廠裡鎖著螺絲也不奇怪。

不過，季辛吉不像我們所想像的那樣，而是將所有懷疑的信號從內心開始遮蔽掉。季辛吉在製造刮鬍刷的工廠，戴著巨大的手套，負責將刷子上令人作嘔的臭味和液體去除的工作，收入從十一美元晉升到三十美元，顯然是位適合在工廠工作的勞工，但他的監工阿爾蘭・艾雪卻不這麼說：「這位朋友的身體雖然在工作，但他的心神卻常常去了其他地方一樣。只要出現一點點機會，就會把書拿出來讀，因為他在上夜校嘛！」

那這有產生什麼變化嗎？

他沒有回答這個問題。取而代之的是，他持續埋首書堆，並和許多同學斷絕往來，安靜地念書。

同班同學回憶當時的季辛吉是個「冷酷難以接近的人」。室友說「他真的很孤單」。而其他學生更是口不擇言：「他常常認真到很討厭。這種人連女生的手都沒碰過，絲毫不關心自己身邊的人和世界如何運轉，也不知道如何交朋友。就我看來，這個人應該非常害羞吧！」

害羞？不懂得牽女生的手？他們誤解季辛吉了。不過幾個月前，在最火熱的國家足球青少年俱樂部裡，深得女孩子的喜愛、忙著交朋友的學生，突然來到其他地方，一打開書本，周遭的視線就如此不一樣了。而且季辛吉在教室裡，只有在將教師所說的一字一句吸收成為自己的話語時才全神貫注。連口出惡言的學生也認同季辛吉的一天從念書開始，又在念書結束。

把這模樣看在眼裡的導師弗里茨．克萊默這樣說道：「季辛吉直接面對且親自經歷了那個定義自己的世界全部崩毀的過程。所有的東西輕而易舉地消失殆盡，他在年紀非常小的時候就明白了這個殘酷的世界。那麼剩下的是什麼呢？對季辛吉來說，他需要的是無懈可擊的哈佛大學入學通知。僅此而已。」

在高中一年級時連英語都不會的B級外國學生飛到美國來，口中喊著「哈佛大學」，並且無視其餘一切負面信號。

如此遮蔽信號的三年，造就了哈佛大學絕對不想錯過的學生。

而進入哈佛的他，也以「怪咖」聞名。他的一天一如往常地是由念書開始，再以念書結束。如同他身邊學生的證言所述，他除了念書以外，其餘的事情都被他遮蔽了。最後他的畢業論文讓哈佛大學的全校師生都大吃一驚，其分量出人意料之外地多達三百七十七頁。

哈佛大學的任何學生都沒有想過可以寫出這麼多頁的論文。這是創校有史以來最長的論文，至今仍然是屈指可數、最令人印象深刻的論文之一。哈佛大學在季辛吉交出論文後，將論文頁數限制在一百五十頁以內，而他也獲得「哈佛最優秀畢業生」的稱號。

他光榮地從哈佛大學畢業，攀登上能夠左右美國的位置，就連美國總統也對他敬畏三分。原本美國的國家安全顧問和國務卿是由兩位官僚擔任，但在這個時期，季辛吉一手包攬兩個職位，實際上則成爲美國唯一的外交管道。

有趣的是，當時任何一位猶太人，或任何一位哈佛大學生，都沒有做出如同季辛吉一般名留青史的事情。一位最受歡迎的普通青少年，突然變成世界上最孤單的人，把所有事物都遮蔽，再以念書做爲本質，寫下令人難忘的篇章。

而季辛吉的故事，更讓我們得以思考成功的根本支點。心理學家格里．麥克弗森詢問學一種樂器的孩童：「各位覺得自己會演奏這個新樂器多久呢？」而觀察結果發現，決定要長時間演奏的孩童，比起只想短期間演奏的孩童，擁有將近四倍優秀的演奏實力。在這裡要考慮孩童的才能差異嗎？不，完全沒有考慮的必要。就算才能輸人一截，擁有長時間演奏決心的孩童，比起才能優秀卻預想短期結束的孩子，他們將會獲得無可比擬的超高演奏實力。

麥克弗森歸納自己的研究結果：「在非常早的某個時機，孩子們已經將『自己是音樂家』的想法內化的決定性經驗。」最近的神經科學研究更顯示「抱持決心的練習」有著生理上的效果。因爲腦柔軟可塑，其決心是可透過練習來改變的。

同樣的，季辛吉的決定性經驗，就是塑造他的世界完全崩潰的經歷。雖然這是令人心痛的悲劇，但卻暗中種下了教訓與喜劇的種子。當所有人用土壤覆蓋悲劇時，只有季辛吉懂得在這個地方默默地澆水灌溉其中的種子。他就是如此寂寞地改變了一切。

後來在這一切風風雨雨結束時，德國福爾特邀請季辛吉及其母親回來拜訪故鄉，並稱之為「榮耀福爾特的臉孔」。雖然在他兒時開心踢足球、曾經貼滿「猶太人禁入」標語的地方，所有人都跑到街上想一睹季辛吉的風采，但他以謙遜的表情拒絕邀請。

在那個只拿到一場糊塗成績和過去把他稱為「病菌」的地方，對他來說是不會再回首的，也是他所遮蔽掉的空間。

天才重新站起來的方法

只要遮蔽掉周圍出現的信號，無論何時都能擁有強大的力量嗎？就像季辛吉在紐約市中心遇見完全不同的成功之路一般，我們就從更普遍的範圍裡確認鹹魚翻身的人在一開始是否便已將「遮蔽周邊的力量」刻骨銘心。

那麼就讓我們來看看完全相反的案例——從小就被稱作神童、擁有各種才能，在英國利物浦，有位被視為為了征服數學而誕生的男孩子。

男孩在四歲時，背誦的不是九九乘法表，而是二的次方，這讓他母親相當驚訝。而十一歲的時候，男孩在沒有父母的逼迫下，希望未來能夠當上「世界級的數學家」，就算他每天在教室最後面的位置趴著睡覺，終究他的名字「約翰．康威」和大學聯考分數都會大大地被刊登在報紙上，他可以任意選擇大學就讀，而這孩子最後選擇了劍橋大學。

但就到此爲止。

世界級的大學，讓世界級的人才蜂擁而至，而這些人才全都聚集在圖書館裡徹夜通霄，但康威在劍橋時，熬夜打電動的時間反而更多。不消幾個月，他的過人才能就在劍橋大學學生們的努力下被輕易超越了。不過，康威誤解了自信的現實面。「我的自尊心很強。事實上，比起我的才能，我認爲自己的過度謙虛是項缺點，如果能不這麼謙虛的話，那就太完美了。」

眞是令人惋惜的故事。在從小備受期待的神童之中，有相當多數因爲周遭的過度期待而自我崩壞，或是像康威這樣，沉醉在人們的甜美肯定之中，犯了不上進的失誤。一九六四年走出劍橋大學大門的康威，正值就業年齡，但他驚覺自己沒有任何值得寫上履歷的事跡。因爲他在學校裡不曾完成任何一件像樣的東西。劍橋大學和社會所期待的「世界級數學家」到哪裡去了呢？

有一天，康威偶然在路上遇到劍橋大學的教授，教授問他：

「你的求職路還好嗎？」

「嗯，不好。教授，感覺我什麼都沒辦法做到。」

「我們學校有幾個職缺，你要去應徵看看嗎？」

「我該怎麼做才好呢？」

「寫履歷吧。」

「我一事無成，該在履歷上寫什麼呢？」

教授爲神童感到惋惜。他從公事包裡拿出紙筆，幫康威代寫了履歷。他就這樣獲得了助教的職位。但是康威在獲得工作之後，卻更著迷於打電動，浪費了時間和熱情。當然，他的心並不安。

他雖然從電玩中獲得逃避現實的樂趣，但內心也擔憂著自己那優秀的數學才能即將就此枯竭。「我眞的非常失望。驀然回首，驚覺自己沒有進行眞正重要的數學研究，也沒有一篇以我的名字發表的論文。」

康威把自己囚禁在負面的內心信號裡。他所進行的數學研究計畫，都沒有好好地完成，在大學裡也只是進行著爲了養活一家四口、維持生計用的授課。如此什麼都不上不下的康威，這時才眞正學到了什麼是謙遜。

過了幾年之後，康威在一九六六年接觸了當時數學界最具話題性的利奇格理論（Leech晶格）。這個理論曾需要補充幾個重要因素，讓我們來聽聽當時的一位學者說的話：

「我持續尋找可以解決這項問題的知名數學家。但是眞正第一個舉手回答的，是我從來沒關心過的康威。」

康威很快地投身於利奇格理論，心中出現了自己可以解決問題的確信感。同所大學的同事約翰．湯姆森雖然關心著利奇格理論，但雙耳卻聽不進隨身帶著遊戲機的康威所說的話。對遊戲機愛不釋手的康威，竟然說要解開令全世界數學家求解若渴的東西？

康威充滿自信地飛奔到妻子身邊：「我一定會成功，這將會讓我重獲名聲。妳好好幫我看著，不要讓任何人來打擾我。」接著便進入自己的工作室，將大門深鎖，完全不在意身邊所有人的嘲弄。全世界數學家都算不出利奇格的對稱群大小，他毫不猶豫地投入其中。

在自己工作室裡的康威，動用自己所知的所有數學知識，在長長的紙上全神貫注地計算著、在反鎖的房間裡專注再專注。而這個工作室裡所發生的奇蹟，是在好幾天後的晚上。

「它的大小是4,157,776,806,543,360,000。也有可能是其兩倍大。」

令人驚訝的是，在康威的桌上出現了所有人渴望的解答。康威用顫抖的聲音打電話告訴劍橋大學的湯姆森，說他正確地發現了兩倍的大小。

更令人驚訝的是，康威即使在被學術界主流人士忽視，又感受到自己已經過氣的狀況下，還能求得令全世界數學家震驚的發現，而且還是在自家的小小工作室裡，只有親自鎖上的鎖頭陪著自己。

康威在這項發現之後，就好像忍耐許久似的，開始接連發表世界級的研究結果，令所有學者們的焦點都集中在他身上。不過幾個月前，提出的計畫沒有一個完成、以遊戲機逃避現實、勉強取得大學講師的職位，更讓自己陷入悲觀的這位男性，到底發生了什麼事呢？

因為有個非常小的正面信號接近他，那就是利奇格，而康威懂得把握這個信號。在人們的嘲笑聲與崩壞的現實中，遮蔽如同冰塊一樣冷酷的負面信號，從這開始後的幾十年之間，累積了許多世界級的研究結果，由倫敦王家自然知識促進學會將其與艾薩克·牛頓、阿爾伯特·愛因斯坦，以及艾倫·圖靈並列為世界頂級學者之一。

當然，康威是帶著天賦異稟出生的，但正因為稱天才為天才，才使得他更加聰明。一旦這個信號消失的話，自信便會隨之消逝。天才們為了重新站起來，必須遮蔽來自周遭的負面信號並且持續接受肯定信號的良性循環，如此一來，才能再將自己重新塑造為天才。能感覺到「我很擅長做這件事」是非常重要的。就像利貝特的實驗一樣，必須常常注意造就我們的信號內容是什麼。

挖掘康威生涯的安德魯所寫的紀錄：「康威在一九六八年發表了有關發現利奇格的對稱群大小的論文。而這成爲他開始達成『眞正重要的數學功績』的起跑槍響。他的自信感開始逐漸壯大，其後成爲發現超現實數字等的世界級數學家，功績步步高升。」

居禮夫人改變自我的公式

瑪麗．居禮除了發現肉眼看不到的放射線，同時也向世人證明了肉眼看不見的內心力量是存在的。

居禮夫人就像某些常見的勵志書籍中會登場且深陷逆境的主角一樣，在窮困潦倒的家庭裡出生。

在那個禁止女性念書的社會中，她以不屈不撓的精神成爲世界首位獲得諾貝爾獎的女性、放射線領域的先驅，亦是首位移葬至歷代偉人安息處之巴黎先賢祠的女性。但是，只靠努力不懈和意志力，就能造就今日我們記憶中的居禮嗎？若男性人口比率不是九十九％，那爲什麼其他女性無法像居禮夫人一樣突破當時的「女性雖然偉大但不行」的信號？那麼居禮夫人又是如何從中脫穎而出的呢？

在一八八〇年代的歐洲，女性就讀大學是一件可笑的事情。若有女性上大學，那麼那戶人家不是腦袋出了問題，就是家中女性看起來比男性還凶。在當時的各個先進國家，女性的大學入學人數幾乎都是零，而只有法國極少數大學會允許女同性戀者就讀。

居禮夫人在波蘭出生，就像生在教師家的小孩那樣聰穎，在那個時代，若家中有一個聰明的女孩子，就代表非常適合送去富裕家庭擔任家庭教師。

於是居禮夫人便一邊做著百般屈辱的家庭教師，一邊再三反覆地思考「徒勞無功的想法」。就因爲穿著裙子，所有的機會之窗都緊閉著。居禮夫人就這樣過著養育富裕人家少爺的「女傭」生活，下定決心要賭上一切，飛向巴黎。她在日記本上寫下自己的心情：「我感覺就好像是從惡夢中逃離一樣。」並且用端正的筆跡寫下幾句誓言：「第一個原則，不因敗給其他人或事物而失去自信。」

她將周邊充滿驚訝表情的眼光給遮蔽掉，爲了攻讀化學飛往巴黎。但她入學一年級的年齡，相當於其他人畢業的年紀。在二十三歲踏入異鄉的她，知道自己的命運正改變著，並且重新堅持第一個原則——不因敗給其他人或事物而失去自信。

她一開始借住在嫁給富裕法國商人、生活無憂無慮的的親姊姊家裡。雖然姊姊和姊夫對她視如己出，像是親生女兒般呵護著，但對這樣過度接待感到負擔的居禮夫人，刻意打包行李搬去寄宿家庭。她當時是這樣記錄下當時的心情：「因爲這樣才能非常專心地在念書上。我逐漸習慣在巴黎閣樓獨自念書的日子，雖然這樣的生活從各種角度來看都是非常艱辛的，但對我來說卻是所謂自由與獨立等非常珍貴的體驗。」

居禮持續遮蔽來自周遭的負面信號。

「獨自生活、沒有會幫助我的人、每件事都必須靠自己解決，這一切現實都讓我更集中所有精神在念書上，而念書在一開始很困難。」

居禮夫人就讀的索邦大學，總共有九千多位出身名門家庭的男學生，而兩百多位占少數的女學生就像裝飾品一樣點綴著。而這些女學生大部分都想要同時在結婚之時闔上書本。

不管怎麼樣，居禮夫人可是比男學生更隨心所欲地活躍在課堂和實驗室裡，遮蔽科學以外的事物，她一頭栽進科學的世界裡。

「我是相信偉大之美存在於科學的人。研究室裡的科學家不僅僅是單純的技術人員，而是像童話一般，站在令人感動的自然現象前的小孩子。」

還有誰能比她更能與科學墜入愛河？是那九千多位出身名門家庭的男學生嗎？這件事情一點也不重要，和其他人比較只會讓人失去純粹性。

在比較年長的時候進入大學，雖然在一開始會遇到困難，但是居禮夫人就像被科學吸引住一樣地念書，以優異的成績克服了一切。她打敗了九千多位男學生，獲得全校第一名的佳績，她終究獲得了勝利。

但當時的社會仍然無法預料到這位女學生即將是未來的諾貝爾獎得主。讓我們來看看當時的紀錄：「女學生念書就好像繡十字繡一樣。只要一考試，她們會將所學的一切，一字不漏地記起來，就像繡在布上的十字繡一般，牢牢記著。但是她們卻不知道該如何將這些東西描述出來，只不過是把課文背誦下來罷了。」

但是居禮夫人卻持續堅持她的原則，開始研究肉眼看不到的放射線。在這個將念書的女性看作是十字繡的社會裡，有人願意支援這項會成爲最偉大發現的放射線研究嗎？

以化學家身分徹底生活三年多的她，雖然到達即將從瀝青之中精緻提煉出鐳的前夕，但研究環境仍然相當原始。

化學家威廉．奧斯特瓦爾德看了居禮夫人的研究空間，驚訝地說：「這裡看起來就像是豬圈或是馬鈴薯倉庫一樣，要不是有化學實驗設備，還以爲是在騙人。」物理學家歐尼斯特．拉塞福則說：「這一點多餘空間都沒有的研究室，眞是非比尋常。」而這個慘不忍睹的環境，是學校分配給未來的諾貝爾獎得主唯一的東西。

居禮夫人也率直地表示：「如果設備更好，我可以提早一年左右就分離出鐳。」不過我們要注意的部分，是居禮夫人以下的自白：「在這悲慘醜陋的屋子裡，我投身於研究之中，但卻是我生命中最幸福的一段時間。」

她看著藥瓶和膠囊中發亮的色澤，就像小孩一樣開心：「它看起來相當漂亮，對我來說好像又來到新世界一樣。試管的白熱光線，就好像妖精的提燈一樣翩翩起舞。」

居禮夫人最終成功分離出鐳，是首位二度獲得諾貝爾獎的女性科學家。她在這一切過程中，難道不曾感到懼怕嗎？難道她是一個不同於一般人的個體嗎？她平淡地否認：「沒有什麼好懼怕的，只是有需要理解的地方罷了。現在有更多東西等著我們去理解，必須屏除這些懼怕才行。」遮蔽創造懼怕的信號，能讓我們更靠近夢想的本質並獲得力量。

我們必須創造出新的變化，這就是季辛吉和曾經是神童的康威，以及居禮夫人的一生留下的教訓。

3 在黑暗中點亮的才能之光
——最具革命性的發現，是如何被挖掘出來的？

在平均以下的智能所綻放出的才能

讓我們先欣賞一幅畫作。這是法國巴洛克時代的畫家喬治・德・拉・圖爾的〈偷方塊A的騙子〉。

三位男女正在打牌，有位女僕前來斟酒，若仔細看桌子，三面各坐一人，唯獨一面空著沒有坐人，在美術繪畫手法中，這個位置是留給觀眾的。畫家引導看畫的我們進入牌局，刻意將一個座位給空出來。試想，我們就按照拉・圖爾的安排，坐在那個位置，看著他們的樣子。

一般人在看這幅畫作時，會去猜測圖中四個人的心理狀態，並就他們所處的狀況，構築出某種局面。左邊的男性的背後藏著撲克牌，表示這位男性正在出老千。而坐在中間的婦人與站著的女僕人，兩人都斜眼看著這位男性，觀眾便能從這幅圖畫中，推論出

〈偷方塊A的騙子〉／喬治．德．拉．圖爾

這兩位女士看穿這位男士的騙術，難道說這三人都是騙子嗎？相反地，右邊這位年輕男性的表情，看起來就是沒有看穿騙局的臉。他們眞能成功騙到這位年輕男性嗎？

四個人物的視線各自看著不同的方向，且眼光互不相交，告訴我們每個人的心思都游移不定的信號。那麼，將這些信號完全遮蔽的自閉兒，又是如何看待這件作品呢？

認知心理學家烏塔．弗里思，向我們展示了一位署名A.C.的高度自閉症年輕女性病患的案例。她讀了我們剛才解釋的畫作和推論，寫了下面這封信給弗里思。

「書的封面上，有一張幾個人在玩牌的畫。我盯著這幅畫大概一個小時，觀看畫家用的顏料、畫筆材質的柔順程度，以及繪畫的水準和人物們所穿的衣服與纖維材質的呈現狀態時，認為當時的經濟必定是發展到一定的程度，才會有這樣高度的現實主義和畫家的技術。接著我讀了書裡的內容。我該說什麼呢？『正常人』竟然是先想到『三流連續劇』的劇情！這個人騙人、那個人知道，這個人又不知道等等，真是瘋了！」

她的情境判斷跑去哪了呢？弗里思所下的結論是，像A.C.這樣的自閉兒，是不會思考一般正常人會想到的那些關於他人精神狀態的，因為他們認為正常人的世界觀是不正常的，就算再怎麼發送信號，他們還是會全神貫注地感嘆柔順筆觸的材質、高度的現實主義和畫家的技術。把一件作品拿去給他們觀賞十個小時，其目光會一吋不離、十個小時都會在同一個位置上，持續解釋隱藏在作品中的所有因素，完全不把朋友會如何看待自己、在幾點有被延誤的約會、自己在這次考試中得到幾分放在心上，除了作品以外，其他事物都無法進到他們的腦海裡。

學者們對於自閉症的研究日漸增加的理由，是因為他們的智能指數如同五歲孩童一般低，但有些卻能在默記、計算、音樂、藝術、機械、數理等領域發揮天才般的才能。正當我們依照高智能、高能力來為學生排序的時候，學者們在完全相反的地方目擊了驚人的現象。為了能夠更客觀地觀察這個現象，就讓我們來確認兩個令人印象深刻的例子。

首先，讓我們試著追溯最符合我們所想像的成功曲線的數學家。卡爾．弗里德里希．高斯在十歲的時候，從負責教他的教師手裡拿到一張寫著「這樣傑出的數學家，不必來我的課堂上課」的通知單。發入學許可給高斯的大學緊抓著他不放，而在他拿到畢業證書前，更超越了指導他的教授，若沒有高斯，今天的數學理論有一定的部分會隨之崩解。

九歲的高斯在計算從一累加到一百的時候，在答案紙上整理出因爲「1＋100=101，2＋99=101，3＋98=101，(…) 99＋2=101，100＋1=101」所以「101×50=5050」，就連一般大衆也能輕易理解他所展現的天才能力。心理學家杜威．德拉伊斯瑪描述高斯是「在才能曲線的最頂端之人」。

但這就是全部嗎？五十年間研究A.C.所展現的「遮蔽的力量」的世界級醫學權威達羅爾德．特萊菲教授，則專注在完全相反的現象上。

特萊菲認爲，在全世界尋找最閃耀的人才時，有些光芒的意義比高斯來得更奪目耀眼。在特來菲的研究案例中，又有另一位A.C.出現：潔達迪亞．布克斯頓。讓我們確認特萊菲教授的紀錄。

「布克斯頓終究無法在學校獲得認可，其智能指數不高於小學生程度。但讓我驚訝的是，對這個世界如何運轉毫不關心的這類學生，埋首於數學世界裡的模樣——他們的腦袋被數學獨占了。」

布克斯頓連自己的名字都不會寫，他被排除在所有學問體系之外。在我們更深入了解布克斯頓之前，先來測試一下我們的數學能力。試心算以下算式：89×73。

算出來了嗎？你是怎麼樣心算的呢？若讓布克斯頓心算，則會經過一連串複雜的過程。布克斯頓首先會把89和73的數字，像A.C.一樣分解它：$(80\times70)+(80\times3)+(9\times70)+(9\times3)$。於是他在一秒內答出「6497」這個正確答案。

布克斯頓是否能像高斯一樣，描述出讓所有人一目了然又優雅的計算方式呢？當然不。我們無法僅僅從這裡來判斷他的資優程度。不過特萊菲關注五十多年的重點，即始於以下現象。

「$3145789\times5642732\times54965\times288$。試著用心算把這些數字相乘，然後再除以8。」

當然，我沒有試，各位讀者也不必試著去心算它。但布克斯頓臉上堆滿微笑，在「五個小時內」將這串數字正確地計算後，開始將正確解答的數字洋洋灑灑地排列在紙上。上述算式的計算結果，是一般計算機難以顯示的二十八位數字。

令所有學者關注的是布克斯頓的完美專注力和數學才能，至於身處平均之下的布克斯頓身上，到底發生了什麼事呢？特萊菲開始針對我們曾深信不疑的才能神話，提出強烈的質疑。

布克斯頓的案例，首先被報告到英國皇家學會，學者們開始尋找高斯照耀數學世界時所錯過的某種東西。布克斯頓被招待到世界級歌劇院，安排到華麗舞臺下的最佳位置上。他目不轉睛地觀賞了整場華麗歌劇表演，接著問他在這場表演中，演員的演繹能力如何。這時，這位不起眼的四十七歲男人的舉動，抓住了所有學者的目光：布克斯頓毫不在意這華麗的莎士比亞作品中，演員所呈現的演技。他全神貫注的點是演員蓋瑞克在這場歌劇中講了幾句話，並且沉迷於計算之中。

布克斯頓走上舞臺，神采奕奕地笑著回答：「蓋瑞克總共講了14445個單字，踩了5202個步伐，對吧？」

提高創意性的遮蔽力量

布克斯頓敏銳、精密、令人驚訝地計算出需要高度思考能力的數學正確解答。雖然布克斯頓的書桌以他不會寫自己的名字為由被移走，但就像我們先前遇到的A.C.一樣，自閉症的布克斯頓就像海綿一樣，將要學習的東西完全吸收。他擁有正常人一半都不到的智能指數，對他來說，這個世界上要學習的東西就只有數學公式和數字罷了，這對他來說，是一項特別的天賦。

相反地，對一般人來說，要在意的東西太多了，學生們到了學校不僅僅在念書而已：「學校同學今天有沒有好好接納我？」「校服有沒有整整齊齊地穿好？」「我是在哪個排名區間裡？」「那位教師是怎樣看待我的？」「要不要裝出非常認眞念書的樣子？還是不要？」等複雜的想法充斥在腦袋中，環境時常發送著信號給我們。

布克斯頓和A.C.從中解放。讓我們來看看二〇〇九年出爐的報告書中，學者們是如何調查這個現象的。

首先，布克斯頓和A.C.這類人，遠離社會中所發生的事情，從記憶所需的精神上、時間上的負擔中解脫並獲得自由，因此得以在開發才能資源上發展。越能從社會的信號中解脫，越能發展才能，遮蔽社會的信號產生的效果，可以擴大到所有人身上。

其次，猜測他人精神狀態雖然對布克斯頓和A.C.來說是件難事，但這反而成爲開發才能時培養獨創性的解藥。孩子們看著教師的眼色，伸長脖子注意著周圍學生的視線，其結果便是讓孩童們的創意性蒸發殆盡。

相反地，罹患自閉症的人絲毫不在意其他人在想什麼、何種思考方式是正確或大衆化的、其他人如何看待自己或自己的作品，這是非常明顯的優點。

最後，連「我現在正在念書」這樣細小的想法都遮蔽掉，成長到能夠專心致志地在念書本身、最頂級的「暗中學習」現象之中，擁有這項才能的人，明顯是占上風的。

有趣的是，這位罹患自閉症的人最擅長發揮的「暗中學習程度」，與「明示學習」

不同的是，與智能指數毫無關連，在智能障礙人士身上也能以毫無缺損的樣子發揮出來，就算智能指數低，只要遮蔽其他訊息，便能製造出獨創的世界，到達開發才能的最高水準。

就像在觀察美術作品，痛罵從中讀出騙子信號的一般人，並歌頌藝術作品精巧技術的A.C.一樣，擁有著驚人的遮蔽信號能力。當然，這不是讀出騙子信號的普通人的錯。不是這樣嗎？我們雖然需要有看懂美術精巧技術的能力，但不要被騙也是毋庸置疑地重要。觀看藝術作品，在冥冥之中讀到的信號，不一定是錯的。

「在大部分的時候，理解整體狀況比理解部分細節更爲有利。」研究自閉症的內森．休斯，明確認可這點。

但是學者們指出，在蘋果公司的iPhone技術更加深入、汽車技術更加精巧的時代，以第四次產業革命爲中心的矽谷裡，像是A.C.這樣擁有自閉傾向的怪胎人才的增加速度，比普通人才還要快上三倍。獲選爲世上最具影響力一百人的天寶．葛蘭汀教授，也做出同樣的判斷：「若沒有像是A.C.這樣擁有強力遮蔽力量和鑽研細節的人才，我們現在連最基本的手機都沒辦法開發出來。」

他們共同主張的重點是——若你是粗枝大葉類型的人，無法參與第四次產業革命的機率便隨之增加。科學家們正開始針對智能進行嶄新的討論，隨著時間推進，在這以高度技術集結、所有東西都凝聚一處的現代，學者們表示：「遮蔽其它東西、只集中一處鑽研細節的強力人才，比起適當地在所有考試中取得優秀成績的學生，更能夠展現『真正的智能』。」

被限制的專注力量

被限制的專注，眞的是誰都能辦到，而且是無論何時都能夠擁有的強大力量嗎？心理學家弗朗西斯．哈佩和她的同事回答：「無論是誰都有可能性。」我們在之前的章節一同見證了季辛吉、康威和居禮夫人，他們那強烈遮蔽展現出本質力量的一瞬間，以及擁有低智能的自閉症患者也能產生這種力量。

現在就讓我們以限制專注來發現有意義的東西吧！在哈佛最具創新的發現是如何做到的呢？爲了回答這個問題，我們先來研究在哈佛綻放最閃耀光芒的學者們所限制的專注，並且爲了證明哈佩的主張，要來見見這位因爲三流大學畢業證書，而不斷被拒絕的另一位世界級學者。

首先讓我們來看看羅伯特．巴克。在講到古生物學時，若將這位長鬍鬚、喜歡戴牛仔帽的男性排除在外，那古生物學領域的一百年便將崩解。巴克就像是一位爲了重新植入古生物學的根而登場的人物一般。他的父親是平凡的工程技術人員，母親是家庭主婦，在因緣際會之下，帶著不到八歲的巴克來到自然史博物館，而這小孩子就在用骨骼組成的大型恐龍面前，決定了自己未來即將走上古生物學之路。巴克的大學選擇了耶魯大學而不是哈佛大學，理由不是因爲他的成績不夠亮眼，而是因爲在美國，最權威的恐龍博物館和研究團隊在耶魯大學的緣故。

而他的博士學位是在哈佛大學取得的。因爲博士學位是身爲一名古生物學家，得以讓自己遠近馳名的最基本學位。

傑出的天才在八歲時就發現了自己的夢想，歷經十幾年的時間朝同一個方向前進，他取得了顯而易見的成功，其結果雖然是理所當然，但單憑這樣仍不足以讓巴克改寫百年的歷史。比起單純地以哈佛招牌閃耀世間，我們更想知道是什麼引領他們發展得更加特別，就讓我們來更深入了解巴克吧！

巴克完成全新古生物學藍圖的契機爲暴龍。雖然在我們眼中只是個超過二十公尺的巨大骨骼雕像，但如果像A.C. 那樣只專注在骨骼的話，就可以像巴克這樣，完成在哈佛大學從來沒人能發現的全新藍圖。

基本上，古生物學在現代來說，是數一數二的艱難學問。恐龍的皮肉全都消失，僅剩下骨骼殘片，並且難以尋獲，學者們只能透過有限的資訊來研究。首先要將時間轉到數百萬年前，接著推斷這巨大的骨骼是怎樣生活的：這個超過十噸重的龐大恐龍會在草原上奔跑嗎？還是連支撐自己的體重都相當吃力呢？

若不從骨頭思考，而是檢視住在深山的動物——其實有一種長得很像恐龍的爬蟲類——蜥蜴。多虧相似的外型，科學家們得以將爬蟲類假設爲體型較小的恐龍，在教科書中描繪成像是蜥蜴，消極地敘述恐龍也對溫度敏感的理論，而絲毫不被讀者懷疑。

不同於爬蟲類，人類擁有恆溫性，屬於靈長類。難道說恐龍就沒有相似於靈長類的人體屬性嗎？若將恐龍看作爬蟲類，古生代的世界就相對單純了。蜥蜴能像獵豹一樣以時速一百公里的速度全速奔跑嗎？並非如此。恐龍就像在山中善於躲藏的蜥蜴，和他們的族群一起安靜地過生活，而人類則打壓著這種恐龍，一如往常地生活。

這是截至當前，由世界級學者們依照邏輯推斷的古生代時期的風景。難道古生代是以擁有智慧的人類爲中心嗎？休士頓大學的帕森斯教授，追溯著巴克提出的大修改，提出了有趣的觀點：「學者們因爲對人類和恐龍有所比較，基本上將人類看作較優異的個體，在學說論述上犯了錯誤。因爲智能，而認爲人類較優越，便將比人類大數十倍體型的恐龍，單純地解釋爲只是住在深山中，躲躲藏藏的巨大愚蠢爬蟲類。」

依據帕森斯的理論，恐龍在一億六千萬年之間主宰著地球，而人類在進化過程中無法與恐龍抗衡，直到中生代爲止都被當作是恐龍的飼料。因爲學術界先入爲主的觀念，認爲如此聰明優秀的人類，怎麼可能在一億六千萬年的長久期間，都被當成恐龍的飼料呢？接著發生氣候變化後，恐龍一滅絕，突然就從洞穴裡爬出來，開始蓋起高樓大廈，提出多元理論，並且在世界學術界犯下「愚蠢的恐龍全滅了」的錯誤。

但令人驚訝的是，在這根深柢固的先入爲主觀念下，沒有一位學者對於擁有巨大身體的恐龍，實際上發生了什麼事情做出正確的推論。只要講到恐龍，大家都會直接想到蜥蜴——這是個曾經廣泛滲透哈佛大學的想法。

但是巴克靜靜地觀察著恐龍的骨骼，讓我們來跟隨他推論的過程。巴克遮蔽了過去將恐龍看作是蜥蜴的學術界眼光，在暴龍的骨骼上進行「限制的專注」。接著他在暴龍的骨骼中發現了有趣的東西——相較於較不明顯的生長輪，血管反而相當多，也就是說暴龍和必須吸收外界溫度的爬蟲類的性質背道而馳。

巴克也追溯了恐龍到過哪些地方棲息，根據牠們的足跡，發現恐龍在相當寒冷的加拿大北部也有生存過的痕跡。可以得知過去這段期間，學術界將恐龍看作是必須要在溫暖環境下才能活動的「爬蟲類」，很明顯是不對的，大家過去都錯看數百萬年的歷史藍圖了。爲什麼哈佛大學的人，都沒有發現這點呢？

這是因爲對於體積龐大的恐龍和擁有智慧的人類，有著強烈的先入爲主的「信號」的緣故。在我們以化石推測其存在時，就像古生代的骨骼殘片一樣，非常容易對它產生既有的觀念，但遮蔽這些想法，僅靠恐龍的骨骼，重新專注其中，才剛從哈佛大學畢業的巴克便成爲家喻戶曉的天才古生物學家。這是超越天才、展現其眞正才能的成功，但是這樣的發現，只有拿到哈佛大學畢業證書的天才才能辦到嗎？基本上，古生物學家們將權威的門檻設得非常高，而另一位古生物學之光史蒂芬·布魯斯則這樣敘述著身爲古生物學家最理想的成功方法：「我在愛丁堡大學指導學生、進行研究。若要成爲古生物學家，當然需要經歷基本的學業之門。問題是在那之後，要成功成爲像我這樣的專家，至少要拿到博士學位。」

做爲參考，布魯斯在哥倫比亞大學取得了博士學位，雖然不像巴克是從哈佛大學畢業，但他也有著常春藤盟校的自信心。

「如果沒有博士學位，就算走出大學校門外左顧右盼，也沒有地方會接受你的。」在布魯斯眼裡，主修古生物學卻沒有博士學位的人的未來，看起來十分可憐。

眞的是這樣嗎？

只留下最重要部分的方法

若說到古生物學家，一定會有個令大家難忘的名字：傑克·霍納。他踏出的第一步就像巴克一樣，是在博物館開始的。在蒙大拿，就像是牽著父母的手、在因緣際會下進入自然史博物館的巴克一樣，他的眼裡也閃耀著光芒。其後逐漸成爲世界級天才學者而成名的霍納，也是看著恐龍骨骼，下定決心要走上古生物學家的路。

但霍納並不如巴克幸運，他並未獲得機會的種子，且有著致命的問題點。霍納有著足以被所有學校拒絕的「完美條件」，也就是他帶有先天性的閱讀障礙，到現在也無法正常閱讀這段文字。如果你正在讀這段文字，那至少某一部分比世界級天才還要聰明。

我們無法以夢想支配這個世界。同樣是在八歲看到恐龍，雙眼閃耀著光芒，但機會卻在他們的熱情上，綁著另一張成績單。霍納進入教室，便開始繪製著與巴克完全不同的成長曲線。

數十年生活中都得聽周圍的人說「去加油站工作吧」這樣的建議，這句話如同十足成功的咒語般，霍納實際上曾爲了維持生計，當過一陣子的貨運司機。

負責指導霍納的教師，曾經斥責他不要再來學校。雖然霍納運氣非常好地在蒙大拿地區舉辦科學競賽時，被蒙大拿大學教授相中，得以獲取可以研究古生物學的科系的入學通知，但一進大學，當教授遞給霍納考試卷時，他的成績仍然一如往常地慘不忍睹。大學曾發給他七次左右的退學通知，但霍納每次都像返鄉候鳥一樣，又會重新回到宿舍裡。他在所有科學科目中落第，學業過程艱辛坎坷，霍納如果像是個二十幾歲的一般大學生，因爲玩過頭而考不及格，還能簡單歸咎在努力的問題上，或是因爲和女學生頻繁約會這類的理由就更不用想了。雖然他的眼鏡像哈佛大學模範生一樣厚重，但大學最後還是決定不發給他大學學位。

布克斯頓的智商在七十以下。進入四年制大學，決定能不能習得研究所以上專業知識的決定性數字則是一百一十五。像布克斯頓這樣沒辦法閱讀文字的大學生霍納，也只能中途離開大學。在八歲時做著地質學者的夢、被大學退學七次左右、重新安置好的書桌又以所有人都能接受的理由，從教室裡被移除。

霍納從那時候開始，在蒙大拿大學附近打轉，雖然沒拿到畢業證書，但他卻獨自開始研究古生物學。雖然成績慘不忍睹，霍納在課堂上卻是最熱情的學生。當他渴望知識的時候，便重新進入蒙大拿大學，坐在教室的後排座位，安靜地累積成爲古生物學家的基本知識。

無論是從大學來看，還是社會來看，霍納完全如同一隻碩大的「恐龍」一般，看起來相當愚蠢，他也完全理解這個社會是怎麼樣看待自己的：「在充滿考試、以考試成績感受優越感的學問範疇中，對患有閱讀障礙的我來說，經歷到現實的殘酷與絕望，就算把所有悲慘的單字拿來形容也不爲過。

只因爲不能好好考試，就把我分到又笨又懶的類別去。這個社會體系絲毫不同情有閱讀障礙的人，或是願意在其他方面進行指引，因此我被學校趕走大約有七次之多。」

我們已經遇見了像是巴克這樣的巨星。而霍納的辯解看起來是如此理虧。但湯瑪士．韋斯特教授丟出了一個非常有趣的問題：「我們當然知道才能、智能、能力的重要性，但有重新檢查這些事情的必要嗎？」八歲的小孩看著恐龍的骨骼，雙眼閃耀著光芒，長大之後在大學雙主修地質學和動物學。在沒那麼好的大學裡因為閱讀、作文、考試拿不到好成績，就被趕出校門。這些和小孩想要接觸的恐龍化石，有什麼關聯呢？

我們逐漸為了在這個社會裡，將人才正確地放入名門大學中，對閱讀、寫作、思考力等等進行有深度的評價，並將人才依此排序。

以高水準通過SAT和論文的學生們，便賦予其進入志願大學和科系的快速通關券。但就像韋斯特指出的——這些都是「次要的東西」。就算能夠理解更加複雜、刁鑽的高級知識，在大學裡數百個專業領域所要求的「最核心的能力」可是令人驚訝的天差地遠。

獲得優異成績的學生得以進入醫學系，但並不一定能在手術室裡成為最好的醫師。想成為古生物學家的霍納，必須擁有的最核心能力如下：

1. 將骨骼視覺化的能力。

2.解釋全新模式的驚人能力。
3.能夠將地形經過長時間所發生的變化，簡單地視覺化的能力。
4.超越同儕，擁有不同觀點、獨特的思考方式。
5.尋找利用新技術方法的能力。
6.以不同的視角檢視化石證據，並以其為基礎，發現嶄新並有說服力的論證能力。

這是蒙大拿大學在移走霍納的書桌時，完全沒有考慮的核心能力。他被趕出校園的理由，是因為必修外語的分數，以及在通識課考試中拿到一敗塗地的分數。這樣的學生，在校門前來回踱步七次之多，只要學校和社會不重視這些要成為古生物學家的核心部分，就會被無情地趕出校門之外。

霍納懷抱著古生物學家的夢想，持續默默地自學。若問到為什麼就算被趕出來七次，還要開始第八次，霍納只是一笑置之。還是有人像佩德羅亞一樣，不管自己的去路怎樣被斷絕，還是抱持著明確的意志向前走。這雖然是條孤獨之路，但卻是充滿最多熱忱的路。

讓我們安靜地跟著霍納看看。引起他好奇心的部分，是在恐龍生前生活的環境中，找出各種大大小小的恐龍化石的所在位置。當其他人準備迎接畢業時，他在大學圍籬外忙著尋找化石，這是一段漫長的時間。歷經許久，霍納終於首度發現慈母龍的群聚巢穴，而就像巴克一樣，他的發現成爲學術界的嶄新學說，霍納頓時成爲古生物學家們的矚目焦點。而且他還在慈母龍群聚巢穴中，發現剛孵化的恐龍幼兒，也發現牠們的腳發育狀態不佳，有好一段時間必須接受母親的協助，再加上確認牠們成長速度相當快，也成爲了能支持恐龍是恆溫動物說的根據之一。此外，和過去學術界推論不同的是，這次霍納的發現也確認有部分的恐龍是會積極養育幼龍的，這又成爲史上首次發現。

看吧，霍納也可以像耶魯大學的巴克一樣，能夠在自己的領域裡，正確地發揮能力，他們都擁有成爲世界級古生物學家的潛力，但是爲什麼這個社會沒辦法發現呢？在這裡我們必然產生另一個疑問：到底有多少學生像霍納那樣，無法綻放光芒，因而被埋沒在黑暗之中呢？

霍納如果沒有堅持到最後，或許我們今天還在用錯誤的方式理解恐龍。他就像哈佛的巴克一樣，確實擁有能夠變偉大的能力，爲了成爲古生物學家，討論他是從耶魯大學畢業還是從哈佛大學畢業，事實上是沒有意義的。

這反而動搖了本質。讓我們來聽聽湯瑪士．韋斯特怎麼說：「霍納連大學學位、研究所學位都沒辦法拿到。但是他獲得了名譽學位以及數不清的獎項，現在也指導著許多研究所學生。他在學習過程中遇到相當大的困難，但爲了進入更深入的領域，持續地吸收著所需知識、不斷學習，才得以理解該領域，並在這個學術界引起革命。」

蒙大拿大學在許久之後才邀請霍納來訪談。

「我們大學怎麼可能錯過了您在學術上的成功呢？」

「在我的腦袋裡，充滿著『有關恐龍的想法』。不管我在何處，腦海中總是有恐龍在走來走去。當同儕看到我這副模樣，說我看起來就像嗑藥一樣蠢。但隨他們怎麼想，我的腦袋裡仍然只有關於恐龍的事情。雖然將我用考試或其他知識來排序，我是處於社會後段的人物，但如您所知，我對於恐龍的專注，讓我達成了學術上如此大的成功。」

回到故鄉蒙大拿的霍納，以古生物學教授的職銜，帶著坐在教室後面的學生們做了個小實驗。

難道只有霍納是特例嗎？他開始尋找這項疑問的答案。

霍納找出和自己一樣，抱持著古生物學家夢想，但卻在社會中被貼上平均以下標籤的閱讀障礙學生，教他們遮蔽所有負面信號，並引導他們和自己過去一樣，只專注在恐龍骨骼上，花上數千小時進行研究。接著，笨學生們成功發現過去在學術界認爲不可能的偉大事實：任何一位科學家都沒想到，竟然在暴龍的骨骼化石中發現了血管和紅血球塊的痕跡。兩位落第學生，是怎樣動搖權威學者的世界呢？霍納這樣說道：「以前沒有發現這些東西，是因爲世界上所有的書都說它不可能的緣故。」

擲出懷疑的石頭

正當耶魯大學出身的學者羅伯特．巴克被全世界學者譽爲恐龍之父的時候，霍納就像彗星一樣橫空出世。巴克所累積的理論，被霍納丟擲了石頭，而學者們則屏氣凝息地看著這場戰爭。霍納將巴克的暴龍理論以新的角度觀察並批判。他表示，暴龍並非像是巴克所主張，是敏捷的獵人，而是如同其體型一般笨重緩慢，並擔任屍體清道夫的角色。果眞如此？我們重新回想巴克所發現的暴龍，並看看霍納的反駁。他以四個部分來反駁巴克。

首先，觀察暴龍的小短手。這不到一公尺左右的短手，無法捕捉會反抗的獵物。

第二，是這恐龍的小眼睛。眼睛小就是無法像獵人一樣在遠方識別獵物的證據。如果獅子要等獵物跑到眼前才能辨識出獵物的話，才不會有鹿跑來主動給這隻獅子吃。

第三，仔細瞧瞧牠那比腦還大的嗅覺神經。像狗一樣善於嗅出味道，這說明了什麼呢？說明了牠非常擅長在動物適當腐敗的時候接近，像鬣狗一樣撕肉進食。就像以味道尋找屍體的禿鷹一般，將暴龍看作是屍體清道夫較爲正確。

最後是腳的部分。若仔細看腿部骨骼，上方的腿部骨骼比下方的脛骨還來得長，因此從一開始就無法快速奔跑。霍納所主張其難以奔跑的論點，由接下來的研究團隊提出

暴龍骨骼

更強力的支持基礎，研究團隊以數學模型輸入暴龍的體重，推斷出其緩慢行走的樣子是最理想的公式，再加上萬一暴龍像巴克所說的，能夠快速奔跑，那麼如果牠摔倒的話，牠的小短手一定無法降低衝擊，全身將以6G（重力加速度的六倍）跌到地面上，只要一摔倒，就會嚴重負傷，甚至喪命。如此一來，暴龍還能用那笨重的身軀快速奔跑嗎？

權威科學雜誌《牛頓》贊同霍納的全新研究方法，並且加以重視。被科學界輕忽的霍納，在世界主流科學家們之間展開了數十年的深入辯論。

巴克和霍納之中誰獲勝了？可惜的是，我們剛才讀到的霍納理論失敗了。雖然他的主張相當具有魅力，但後續支持暴龍以牠笨重的身體輕盈奔跑，身爲強悍捕食者的研究一一出爐。霍納面對嘲笑自己失敗的記者提問，露出了難爲情的微笑。

但是對霍納來說，這是有意義的失敗。連大學畢業證書都沒有的男人，向哈佛大學和耶魯大學出身的世界級學者們丟擲石頭，說明了什麼呢？讓我們重新思考他所說的話：「總是聽著『你長大之後只能在加油站幫人加油』的人，才能夠隨心所欲地冒著失敗的危險做偉大的事。」霍納對於丟向自己的石頭，絲毫不感到羞愧，反而是彎下腰拾起這些石頭。這是被趕出校園的世界級學者重新站起來的方法。

此外，霍納就像好萊塢史上最賣座電影之一《侏儸紀公園》裡所有學者都夢想的那樣，將自己的科學發現優雅地像是博物館般展出。而當霍納的發現和理論被投資數千萬美元拍成電影的時候，霍納對當時被嘲笑的部分做了小小的復仇。在霍納參與的《侏儸紀公園2》裡，出現了科學家們被恐龍吃掉的場景，而科學家之中，就有一位是巴克。原來巴克這個角色沒有在劇本裡，是霍納特別建議導演：「如果讓我的對手在電影裡登場，然後被他自己的暴龍吃掉就好了。」才加入這個場景的。

而巴克對這場景又是如何反應呢？當然是相當興奮。看完電影，他馬上打電話給霍納，以興奮的聲音叫喊著：「電影裡的暴龍跑過來把我吃掉了！看吧，暴龍就像我所說的，是獵食者！」

外表與巴克相似的科學家登場，被巴克所喜歡的暴龍，依照他的理論被獵食而死，這是霍納對巴克的小小復仇。比起這點，更讓人會心一笑的是，霍納所丟擲的小石頭，是有意義的。對巴克來說，也是有意義的勝利。雖然他在電影裡死掉了，但看到這場景的巴克，臉上堆滿了笑容，就像是在說：「暴龍果然是獵食者！」

被七度趕出大學校門的笨學生，和世界級菁英的學術爭論，在歷史上獲得了最高的娛樂收益。

家喻戶曉的人所隱匿的祕密

現在讓我們來見見世界級的企業家。在矽谷綻放著最閃耀光芒的企業家，思科系統的前CEO約翰·錢伯斯，有著不可告人的祕密。他在數十年間守口如瓶，但卻在一個荒唐的狀況下，祕密變得眾所皆知。

錢伯斯在今日是最偉大的IT企業的董事會主席。思科系統照耀著全世界的網路。萬一思科系統的裝備發生問題，那全世界的網路很有可能會陷入一片黑暗。身爲營運這種大企業的老闆，錢伯斯每年都會指定一天招待員工子女到公司來。

五百多位孩子們，每年看著擔任全世界最重要角色的父母，就像在看著超人一樣。喜歡看到孩子們這種表情的錢伯斯，在活動最後總是會指定一位小孩，直接進行問答。

在這天，他把麥克風遞給一位女孩。但是那天卻有點奇怪，小女孩沉默許久都不講話，讓整個會場陷入寂靜。她不是緊張，而是說不出任何話。是舞臺恐懼症嗎？過了許久，在幾百人面前，她的淚水默默流下，而這個畫面則被攝影機給逮個正著。小女孩說道：「我罹患無法正確傳達自己想法的學習障礙。」

在那一瞬間，會場變成了修羅場，幾百位父母和小孩緊緊盯著這位抓著麥克風的女孩。在這世界級的企業裡，竟然有智能障礙的子女？小女孩撞見這場面，又再次僵直在原地。

在這狀況下，最感到徬徨不安的，非錢伯斯莫屬。

「我長年隱匿一項不為人知的祕密。身為公司老闆，沒有人會想把自己的弱點暴露出來。」令人驚訝的是，曾經拿到世界頂級史丹佛大學入學許可的錢伯斯，有著低於平均的學習能力。他無法一次默記四個以上的單字。

教育學者們所提出的平均學習量，是可以默記七個以上的單字，而錢伯斯離這個標準有好一段距離。因此在教室裡，他跟不上教師的講話速度，也無法將重點抄寫在筆記本上。對於現在可以正常閱讀這段文字，並且能夠將閱讀至今的內容整理成文字的你們，錢伯斯應該會感到相當自卑。

但他是如何拿到史丹佛大學的入學許可呢？

他和我們先前遇見到的女性A.C.過著相當類似的生活。A.C.無法理解名畫中的老千詐騙故事，而是沉迷於觀察滑順畫筆的材質、高度的現實主義以及畫家的技術。而錢伯斯也像這樣，一頭栽進數學和化學之中，遮蔽周遭所有信號，發揮專注的力量，就算擁有平均以下的智商，也拿到了史丹佛大學的入學許可。

「我也有學習障礙。」

錢伯斯看著小女孩這樣回答。在五百多位自己的職員和他們的子女面前，就好似突然變成只有他們兩人，他看著那位小女孩，那位小女孩也看著他。

「但是要克服才行。當然我的生命也為此付出了代價。」

這是令人心痛的一句話。

我們在先前看到了只能進行限制專注的A.C.、布克斯頓以及霍納。雖然他們就像英雄故事一樣克服了自己的障礙，但並非如此。除了感受不到自閉症痛苦的A.C.和布克斯頓，霍納和錢伯斯這樣的人只要遇到和自己一樣的孩子，就會像是被掐住脖子一般，吐露出激動的情感：他們付出了相當大的代價。

得知在社會中的許多機會和期待都不是為自己準備時，頓時便會召來剝奪感和自卑感以及悲傷痛苦。但若將所有舞臺的燈光都熄滅，諷刺的是，就得以從這些負面的信號中獲得自由，因為人們的眼光沒有必要再放在自己身上。

美國最大不動產裁罰、擁有世界級公司的房地產大亨芭芭拉·科爾科蘭也和錢伯斯一樣有學習障礙，她現在也無法順利閱讀這段文字。科爾科蘭說道：「像我們這樣的人，根本無法踏入把我們塑造成失敗者的學校體系，因為會立刻被掃地出門。但是相反的，我們能夠完全遮蔽這些信號，而獲得碩大的自由。我能獲得這樣世界級的成功，其根本的理由就是遮蔽的力量。」

現在我們可以完全理解，在二〇〇九年學術界報告的結論：「布克斯頓和A.C.之類的人，得以從跟隨與記憶在社會中發生的事情時所需要的精神上、時間上的負擔中解放，才能在精神層面上進行才能的開發。」而這個報告中所提到的名單，讓我們對於成功的想法提供了嶄新的觀點。

進入身價十億美元俱樂部，類似A.C.有學習障礙的企業經營人：

亨利·福特（福特公司創始人／一千九百九十億美元）

比爾·蓋茨（微軟公司創始人／七百九十二億美元）

卡洛斯·斯利姆（Telmax Telecom總裁／七百三十億美元）

沃倫·巴菲特（投資者／七百二十七億美元）

尼爾森·洛克菲勒（美國第四十一屆副總統、企業家／七百二十七億美元）

史蒂夫·喬布斯（蘋果創始人／一百九十億美元）

理查德．斯特勞斯（房地產開發商／一百八十五億美元）
比爾．休利特（HP創始人／九十億美元）
查爾斯．施瓦布（證券公司創始人／六十九億美元）
理查德．布蘭森（維珍集團創始人／五十一億美元）
凱瑞．帕克（澳大利亞代表媒體集團／四十八億美元）
萊茵．蓋爾（美國發明家／四十四億美元）
大衛．默多克（商人／三十五億美元）
英格瓦．坎普拉德（宜家顧問／三十四億美元）
威廉．衛格利（箭牌口香糖商人／二十六億美元）
特德．特納（CNN創始人／二十二億美元）
艾倫．舒格（商人／二十億美元）
克雷格．麥考（手機製造業的先驅／十八億美元）
大衛．尼爾曼（JetBlue航空公司創始人／十六億美元）
麥基（麥基食品創始人／十五億美元）
凱里．斯托克斯（商人／十一億美元）
約翰．錢伯斯（思科系統前CEO／十億美元）

這份名單就算只把最有名的人納入，他們會因為學習障礙，連一篇文章也寫不出來。世界知名企業的CEO有三分之一被公開為擁有學習障礙（當然，剩下就充滿菁英出身的人）。

如此矛盾的現象，讓法國文化人類學教授查爾斯．加杜，以「和弱點的戰爭，是讓人進步的原動力」來說明。讓我們重新來看看約翰．錢伯斯，全世界優秀的經營者們，都注視著他的能力。美國通用電氣公司執行長傑夫．伊梅特明確地評論道：「如果約翰．錢伯斯能夠傳授自己的能力，讓世界出現下一個高科技CEO，那這不僅是那位CEO的福氣，更是全世界的福氣。」那麼，伊梅特所重視的「能力」又是什麼呢？如果將時間倒轉，回到擁有平均以下學習能力的錢伯斯在教室裡面的樣子，會相當可笑。但重新檢視這二十年時間，從旁觀察的話，錢伯斯的成功可完美地以努力的成果來說明。希拉蕊．柯林頓在他面前，對他未來的生活提出五個英文字母的忠告：「R，E，L，A，X。」

在完美菁英的身旁觀看意外出現的巨星時，看到的是徹底的努力。但是讓其變為眞正的力量，是源自於更深層的地方。關於這點，加杜正確地觀察到了。

奇怪的是，學者們所揭露的個人成功，是在極端的地點觀察到的。含著金湯匙出生的孩子，便繼續抓著金湯匙，而貧窮的小孩則在主流之外打轉。再加上其中大多數的平凡小孩，會持續在中間階層繼續平凡下去，但隨著時間發展，被主流刷下來的孩子之中，有著可以重新點亮光明的人。爲什麼無法正常學習文字，在成績單上留下悲慘紀錄的學生們，得以重新登場？從旁觀看，便能觀察出相當大的努力。但是讓它變爲可能的力量，就是他們一開始被主流刷下來，從環境中的負面信號解脫的緣故。走著和當初不同道路的孩子，遇見了完全不同的信號。

但是萬一我們從現在開始，讓你獲得無法閱讀這段文字的特殊能力，你會欣然接受嗎？當然不。一直以來，我們都很努力地在適應這個社會，雖然無法成爲頂尖，也不至於落到谷底。也就是說，我們沒有強力抵抗、遮蔽的原動力。平凡的信號至今仍持續地讓我們平凡下去，我們都沒有把這熟悉的信號給遮蔽掉。

當最平凡的人變成最特別的

我們要如何遮蔽身邊熟悉的信號呢？還有更重要的是，平凡的人要怎樣才能發揮限制的專注呢？若我隨便問一個人，要不要獲得像A.C.那樣卓越的專注能力，對方一定都會欣然答應的。

我們只要有這種專注能力，便有相當高的可能性從世界最頂級的大學畢業，在自己希望的領域中留下世界最頂尖的成果。但是同時也必須付出相對龐大的代價。不管是能不能閱讀這段文字、有沒有被趕出大學校門七次，還是面對擁有平均以下智力而被刷下的現實，這些都是沒有人想要的，我們只想得到特別的優點，不想體驗逆境。

那麼，這次讓我們來見見最平凡的人吧，也就是說，像我們一樣擁有平凡才能，以及被關在平凡之中的人。

就像A.C.看到打牌圖畫而深陷其中一般，五十歲的無名畫家也在這幅打牌圖畫中找到靈感，開始準備自己最重要的作品，但又有誰在意呢？

他的人生可以摘要爲「微不足道」四個字，他的父親也不知道兒子的人生會這樣度過。父親是經營帽子店的商人，接著開起銀行，家庭經濟算是富裕。但是鄉下人對於這個沒有一張大學文憑，什麼都靠錢來解決的家庭，並沒有好印象。父親逐漸對家庭感到自卑，於是想透過兒子來克服這點，強迫他去讀法律。

聽從父親指示進入法律學院的兒子，感覺到這不是自己想過的人生。他其實想要揮灑畫筆。於是兒子選擇不解除父親的自卑感，而決定走自己的路，殊不知，這是項錯誤的抉擇。

「人是靠麵包而活，靠藝術是撐不下去的。」

父親的話是對的。兒子選擇了畫家之路後，雖然想進入法國國立高等美術學院，但卻在落榜。在沒有學歷的情況下，投件巴黎沙龍展覽也多次落選，接著他進入三流藝術家們的聚集地蓋爾波瓦咖啡館巷弄之間，以沒沒無名的畫家過了十年歲月，果然人是靠麵包而活的啊！

在十年之後才領悟到自己的才能並不出眾，那是什麼樣的感覺呢？至於眾多的夢想和幻想最終崩潰，又是什麼樣的心情呢？他爲在追不到的夢上浪費了這麼多時間自責著。臉上開始出現皺紋的他，對未來感到不安，最後個性變得乖僻又自以爲是。不管是誰，在看了自己的畫作後露出皺眉之類的表情，他便會跑上前向對方大發雷霆。其花費的漫長時間，最後變成毫無意義的藝術家精神勝利時，他的淚水是可以被理解的。

然而他留下的作品，又再次被強烈地嘲弄一番。公開嘲笑他的不是別人，而是曾經支持他成爲畫家的中學同學。

以小說家身分爬到非常高地位的朋友埃米爾．左拉，出版了名爲《作品》的小說，他把主角描寫爲無能又失敗的畫家，最後以自殺結束生命。

不管由誰來看，這故事充滿可以聯想到他的具體資訊。例如書中鉅細靡遺地描寫他在巴黎畫壇中被判定爲沒有才能，以及只要是狀況或圖畫得不好就丟擲畫筆洩憤的凶狠個性。讓我們來讀讀《作品》中的一段話：「『這次也完蛋了，眞是神經病。我眞是什麼都畫不出來。』在那一瞬間，他就像個完全失敗的人一樣，親手將自己一場糊塗的畫作給撕了。」

只要新書一出版，左拉就會送一本給他。這次《作品》也寄來了。備感憤怒和羞辱的他，寫了一封非常簡短的信給左拉：「我讀了你寄來的《作品》。以《盧貢－馬卡爾家族》叢書獲得成功的作家，還能記得我，將我以主角記錄下來，只有萬般感謝。失敗的歲月也都過去了，這封信就當作我們最後的握手問候吧！」

將自己以主角「記錄下來，只有萬般感謝」這句話，濃縮了他所有憤怒。他這輩子到最後都沒有再和左拉見過面。連唯一支持自己夢想的朋友都來嘲笑他，一照鏡子，才發現年過五十的自己就像是個露宿美術館的街友，看著偉大藝術家畫的作品。他很努力地像A.C.那樣看著作品。讓我們看看他寫的信：「身為畫家，長時間專注在物件上的時候，我才能從物件中發現圓柱、球形、圓錐。接著在更深入觀察物件時，才領悟到物體和各個面向並非各自獨立，而是向一個中心聚集靠攏。雖然在地平線上有許多平行線給予寬度，但地平線上畫的垂直線，則給予我們想尋找的深度。因此，自然對我們而言，比起寬度還更給予了深度，並告訴我們它的重要性。這是我在藝術世界中所發現的東西。身為畫家，我領悟到若無法專注在自然，對於光線的波動只能用單純的紅色和黃色來重現罷了，但是在光線的波動中，想要感受到空氣的話，必須塗上足夠的藍色才行。

這就是深入觀察的力量。」

他遮蔽掉外界一切的雜訊，開始用心地在物件之中尋找本質，努力地將其搬移到畫布上。在當時大家都嚴謹地把國王和貴族忠實地畫在畫布上，只有他在藝術界首創，把從下、從上、從側面各種視角觀察到的圖像重新組合，自由地重新解釋，以自己的方式創造。舉例來說，他花最多時間來畫蘋果。蘋果雖然就在我們眼前，但過了一段時間就會開始腐爛了。但是單純地將眼前所見，把新鮮的蘋果原封不動地畫出，就是展現這個物件的本質了嗎？他想要觀察的是超越外表的模樣，探討其「本質」。因此，沒有必要將蘋果現在的樣子照原樣畫出來。畫家可以重新進行創作。

「物件的外表，在其另一面有著『本質上絕對不變的構造』。」

就讓我們來看看他其中一張畫作，體驗物件之中本質的力量。保羅．塞尚的〈玩紙牌的人〉①有一百八十公分高，足足有成年男性的身高。在這張畫作中我們能找到什麼呢？這張桌子旁坐著的三個人正在打牌，而後面有兩個正在觀戰的人。但眞的是這樣嗎？再仔細看看。坐在桌子旁的人並沒有在打牌。只是裝做在打牌的樣子而已。爲什麼會這樣呢？

〈玩紙牌的人〉②是塞尙的第二件作品。在桌子上還是擺著菸斗和雜七雜八的東西。農夫們只是裝出在打牌的樣子罷了。是不是像喬治．德．拉．圖爾的〈偷方塊A的

〈玩紙牌的人〉①/保羅・塞尚

〈玩紙牌的人〉②/保羅・塞尚

〈玩紙牌的人〉③／保羅．塞尚

騙子〉這幅畫一樣，隱藏著什麼寓意的訊息呢？在拉．圖爾的作品中，讓觀眾看拿著酒瓶的侍女和巧妙的目光，展現出陷入複雜思路的人的愚蠢。但塞尚的作品中，並沒有侍女，也沒有複雜的目光，只有戴著帽子的農夫，假裝專注在紙牌上而已。觀戰的小孩消失的圖畫，大小縮減了一半。塞尚爲了畫這幅玩紙牌的人，畫了一百五十幅以上的草稿。他爲了將「本質上不會改變的構造」給挖掘出來，就像A.C.那樣專注其中，這位年過五十的無名畫家，解出了他所苦惱的答案，讓我們來看看他的下一件作品〈玩紙牌的人〉③。

在這裡，紙牌登場了。但卻不是存在於拉．圖爾那種華麗又卑鄙的世界的紙牌。我們已經理解到紙牌對塞尚來說，只不過是和裝飾品沒兩樣的東西罷了。王族和貴族們的

〈玩紙牌的人〉④／保羅・塞尚

〈玩紙牌的人〉⑤／保羅・塞尚

華麗紙牌賭桌和美酒，以及許多戲劇性內容完全消失，只有兩位寒酸的農夫坐在桌前打牌，周圍只仔細地描繪了一支酒瓶和一支菸斗，而這個場所也無法分辨出是在何處，塞尙將這個空間中所有不必要的信號都消除掉了。在這個空間裡，只剩下兩個男人專注地在玩紙牌的樣子。世界級的藝術學家邁耶爾．沙皮諾在看到如此專注的瞬間，感受到了塞尙的眼光。「專注在紙牌上的兩人那強烈的緊張感，是塞尙將自己專注在畫作上的感情，像鏡子一樣投射出來。」在用藝術表現玩紙牌的行爲時，將現實中不非必要的因素排除掉，只將最本質的東西留下，就是這個重點。而爲了得知其本質，就必須像A.C.一樣展現出有限制性的專注。這專注有多強呢？現在我們觀看的這件作品，是在全世界以第二高價售出的藝術品。「這次也完蛋了，眞是神經病，我眞是什麼都畫不出來。」在那一瞬間，他就像完全失敗的人一樣，親手將自己一場糊塗的畫作給撕了。曾經這樣過活的他，遮蔽了那些負面信號，在這張圖畫中記錄了三十年以來最強烈的本質。畫布的尺寸，隨著他走向本質核心，越來越小。一開始是一百八十公分高的巨大畫幅，如今縮小到七十三公分。（〈玩紙牌的人〉④）

接著塞尙又再次專注。他盛載本質的畫作，最後縮小到五十七公分。再次強調，只留下最重要的本質，他遮蔽了所有東西。讓我們仔細看看塞尙的最後一幅作品〈玩紙牌的人〉⑤。可以看到連紙牌的色彩都消失不見了。

納迪亞悲慘的妥協

一九六七年十月，在英國諾丁漢一位叫做納迪亞．蕭明的女孩出生了。納迪亞的成長速度比一般孩童還要來得慢。她患有口吃，若叫她回教室裡坐好，她會自行走到教室最後面的位置坐下，就像沒這位學生一樣。但是全世界的心理學家和美術學者們，錄下納迪亞的行爲舉止，並展開了熱烈的討論。

納迪亞從小開始，便擁有驚人的觀察能力和藝術才能。六歲時，她會花上好幾個小時專心地觀察事物，畫出的作品可比擬十六世紀中葉的「文藝復興藝術家」們的作品，擁有線條及明暗。

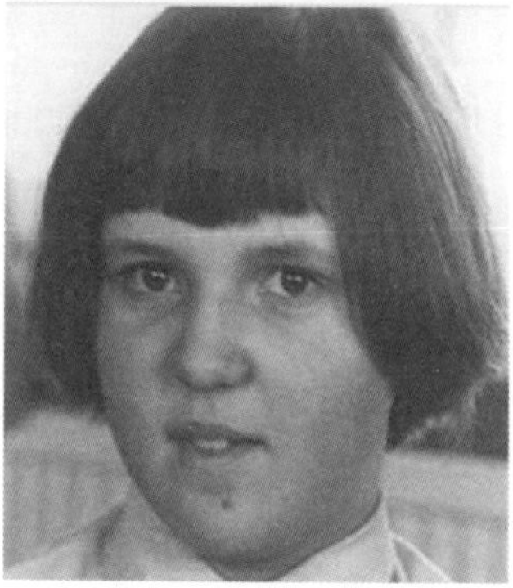

納迪亞六歲時的樣子

雖然她的智力和解讀能力以及社會所要求的學業成績都得到慘不忍睹的低分，但在納迪亞將所有信號遮蔽的腦中，就像只剩下一定要完成自己想畫的作品那樣行動著。

在這樣情況下完成的作品，甚至直接登上英國心理學家洛娜．塞爾菲研究納迪亞的論文封面上。讓我們來讀看看幾個月以來，塞爾菲觀察納迪亞的紀錄：「納迪亞坐著的那幾個小時，會長時間觀察一個對象，並將其用圖畫表現出來。平均說不到十個單字、時常悶悶不樂的納迪亞，只有在畫圖的時候才會展現出最生動的表情和限制的專注。」

納迪亞對於動物中的「馬」也花了長時間的觀察並身陷其中，心理學家試著將人類歷史上最偉大的李奧納多・達文西的名畫遞給納迪亞看。她在實驗室裡專注地看著達文西的畫作許久，最後將自己的畫作遞給學者們看，學者們感嘆她「有著令人難以相信的才能」和「極端事實主義的表現」。英國的大學實驗室裡，學者們發現第二位達文西誕生了，指的便是這位才五歲，看起來木訥的自閉症兒童。

塞爾菲爲了更客觀評論納迪亞的才能，也同時展示了同年齡孩童所畫的藝術作品當作樣本，這會是多麼驚人的才能呢？在同年齡孩童還在父母眼皮底下慢慢成長的時期，她發揮了「限制的專注」，達文西光芒便從這位自閉兒童身上散發出來。學者們有感於另一位達文西的誕生，實施了長達三十年的追蹤調查。

先把時鐘調回到現在。我們能夠見證另一位保羅・塞尚的誕生嗎？以「限制的專注」朝著遮蔽與藝術發展，展現出全世界中最驚人的藝術成就之一的納迪亞，會迎向什麼樣的結局呢？

在揭開三十年的蓋子之前，在一九七〇年代，觀察納迪亞的學者們曾經指出她的

納迪亞的畫作

李奧納多・達文西的畫作

「語言能力非常差」，而納迪亞的父母也想將她養育成爲一般的社會人士。當然，她以其特殊藝術才能爲傲，但父母則是希望可以看到她能像一般人一樣「正常」。

所以父母爲納迪亞提供好的教室與教師，教導她如何做出像其他學生一樣的行爲舉止，教導她什麼比自己偉大、如何將自己的才能發揮在社會之中、拿到亮眼的成績。這眞是一件大禮，不是嗎？比起霍納、錢伯斯或塞尚這樣鑽牛角尖的成功曲線，還是進入一般正常的曲線要來得更便利。

特來菲教授在三十年間長期追蹤和調查納迪亞，而報告內容如下：「納迪亞被交付到傳統學校體系，『限制的專注』就此解體，特殊的藝術才能也就此消失。優秀的遮蔽和專注能力，就在讓她熟記更多單字，灌注日常生活方法的過程中稀釋掉了。」

特來菲如此整理：「這是最悲慘的『才能均衡』。」接著，針對納迪亞的報告如此結案：「在納迪亞被交到教室的這段期間，爲了讓她的語言能力獲得發展，進行了強制性的學校教育。幸好最後納迪亞的語言能力

和納迪亞同年的孩童的畫作

有所進展，而教師也想兼顧她的藝術才能，於是在美術課時間提供畫筆和圖畫紙，但是納迪亞不再像以往那樣充滿熱情，她開始觀察身旁的同儕是怎麼畫的。學校一開始負起教育納迪亞的責任，而她的藝術才能就這麼冷酷地蒸發掉了。我們所矚目的才能，完全消失了。」

納迪亞走出學校的大門時，在藝術領域上停下腳步。在她成爲中年女性後，有天收到一份悲慘的健檢報告，便香消玉損。納迪亞曾在自己的領域展現出完美的遮蔽能力和專注力，但一開始反映社會的信號時，她的才能就在平均圖表中的某處蒸發掉了。他們到底對納迪亞做了什麼「好事」？這也讓我們提出更根本的疑問。

我們對於本身的才能，到底做出了多少妥協與放棄？限制的專注和遮蔽無關智能，反而像個特別的天賦，但是爲了發揮這項天賦，我們必須遮蔽這個社會輕易劃出界線的許多東西，並且與之對抗才行。

4 在哈佛閃耀的「黑鑽」

——「他們是無法脫離教室的孩子。但我們可不一樣。」

哈佛的兩個面相

在哈佛大學的學生之中，也有菁英中的菁英。

讓我們進入哈佛最令人印象深刻，同時也最封閉的空間裡。使哈佛大學畢業證書能綻放最閃耀的光芒的地方是哪裡呢？答案是最懂得把錢撒在他們的韌性、熱情以及優異的學識上的地方——華爾街。而爲了征服它，未來的華爾街明星們便在入學後就開始計畫拿到畢業證書之後的事情，並創造了一個叫做「黑鑽」的組織。

若要進入黑鑽，除了要擁有哈佛大學的入學證明以外，還需要滿足一項特別的條件——必須賭上哈佛大學一年的學費，以在最危險的投資上取得最高的收益爲目標而參與其中，從學校畢業前，是無法拿回這筆錢的。

美國金融記者凱文．羅斯如此記錄這個聚會：「他們是一群打從骨子裡就感受到自己人生終點就在華爾街的人。他們甚至會把班傑明．葛拉漢的著作《智慧型股票投資人》塞到枕頭底下睡覺，把華倫．巴菲特和喬治．索羅斯的海報貼在牆上，在國中時期就將試算表軟體的快速鍵烙印在腦海裡。就算在之後經歷了金融危機，在華爾街工作的他們也毫無畏懼，甚至在聊天時，還保有金融業界的道德性。」

就讓我們來看看，這些即將經手世界上最多錢的準華爾街明星的藏身處。

場所是在哈佛大學宿舍的某個小會議室裡。在這裡一位短頭髮、穿著白色Burberry T恤和棉褲的男學生，對著大約二十人左右的學生丟出疑問句。

「投資還停留在低價帶的白金，你們覺得怎麼樣？」

對於黑鑽創辦人派翠克的意見，有人馬上提出反問。

「經濟似乎有恢復的趨勢，有必要投資貴金屬嗎？這裡有人認為目前經濟沒在恢復當中的嗎？」

過了片刻，在桌子前的螢幕上出現了他們委託的顧問——哈佛大學經營研究所出身的對沖基金操盤手，正和大家進行著視訊會議。在該會議中，他雖然點出幾項風險分析，但卻無法引起這些孩子們的興趣，因為都是已知的內容。

視訊會議一結束，他們便開始重新討論。把眼鏡推回原位的學生們，馬不停蹄地對最近的環境狀況，以及金融市場受到什麼影響進行意見交換：希臘的財政緊縮、貨幣擴張政策的效果，以及美國的美聯儲系統所提出的未來方針……若不看這些孩子們的稚氣臉龐，只單純聽他們熱烈討論的內容，還會誤以爲是華爾街最有名的分析師們之間起了爭執。一開始，這些學生刻意與哈佛大學的其他金融社團保持距離。因爲那些社團並沒有直接參與金融市場、眞正地砸錢投資，而是將重點放在如何在教室裡教育哈佛大學金融入門者的上面。

「這樣的話，我們這次要選擇什麼樣的投資營運策略？」

派翠克丟出尖銳的提問，二十幾位哈佛大學生們的眼神顯得更認眞了。

這些人在哈佛大學裡是屬於頂尖一%的人。那剩下的又如何呢？

在哈佛大學裡，還是有分等級的。可惜的是，在教室裡以哈佛大學自豪的學生，在畢業時看到閃亮耀眼的年薪，便盲目地跑向華爾街的人還是占大多數。凱文·羅斯長期觀察他們，如此記錄著：「哈佛大學的四年級學生，大部分都沒有完整的動機，畢業後便直接進入金融圈，黑鑽的成員們也認同這點。在觀看輕蔑金融業界的哈佛大學學生的文化時會發現，只要越接近畢業，這個態度就會變得越來越意識形態，最後則會戲劇性地朝著華爾街飛奔而去。派翠克甚至還曾愉悅地說：『沒錯，哈佛大學的學生們在四年級下學期之前，都厭惡著華爾街。』」

我們要確認的是，這些孩子到四年級下學期爲止，大部分都還沉醉在常春藤盟校的光環之中。於世界頂尖的大學裡，被稱作是世界最頂尖的人才，在對錢趨之若鶩時，是接受到了什麼樣的信號？在這裡有需要加強的信號嗎？讓我們重新回想派翠克的話。

「他們是無法脫離教室的孩子。但我們可不一樣。」

世界頂尖人才的兩難

讓人聯想到《清秀佳人》主角，臉上滿臉雀斑、頭頂著充滿魅力紅色頭髮的切爾西*才剛拿到喬治城大學的畢業證書，便奔向華爾街。雖然她在康乃狄克州郊區的中產階級家庭中長大，大可輕鬆過活的她，仍選擇好好地在學習上耕耘、努力，因此得以獲得美銀美林集團分析師的職位。切爾西一面熟悉著業務，決心像個學生一樣，好好學習新知，也曾經向上司說過「我會努力工作，好好學習」這樣的話。她如此自我期許著，常常過了午夜才提著公事包下班。

對切爾西來說，她對自我的期許不是實現閃亮耀眼的華爾街之夢，反而是「我會努力工作，好好學習」這句話，這也是到她進入名校為止，中產階級家庭對她的期許。切爾西選擇投資銀行的理由，除了「安定」這個極為現實的原因，還有大學畢業後立刻面臨的十萬美元助學貸款債務，以及對年薪的欲望。此外，更具決定性的因素，則是在大學畢業後，沒辦法找到令自己心動、確切的出路。耶魯大學教授亞歷山大，如此說明像切爾西這樣的孩子：「我知道投資銀行業界的魅力。對於曾待過赫赫有名的大學和組織，以及在體制內持續取得成功的人來說，是個無害的選擇。這和在耶魯大學多待兩年沒什麼兩樣，因為是在組織秩序完備的環境裡，和年齡相仿的聰明朋友們一起工作。在這裡工作，就跟待在學校裡的環境沒什麼兩樣。」

而社會學家艾米・賓德爾，則一語道破這段過程：「大部分的哈佛大學生不管自己主修什麼科系，都一窩蜂地想進入華爾街。」

對他們的分析更是一針見血。針對五十位在華爾街奔走的哈佛大學畢業生追蹤調查結果顯示，從一開始就對華爾街略知一二的學生，只有不到兩位。而向同時擁有哈佛大學和華爾街這兩個勳章的哈佛大學畢業生詢問，將會在華爾街投入到什麼程度？一百人中只有五人回答自己會對華爾街的未來負責。

那麼，為什麼大部分的哈佛大學生，無法順利遮蔽華爾街所發出的信號呢？賓德爾對於這項疑問，提出了「對於競爭的盲目性」的研究結果。

在進入哈佛大學之後，一名學生對於進入華爾街的夢想也隨之萌芽，他有禮貌地對

＊美國金融記者凱文・羅斯之著作《年輕的錢》裡所記錄的一名大學畢業生。

追蹤自己的賓德爾笑著回答：「華爾街是個至少要哈佛大學出身才能掌握的地方。」

現在我們就可以了解這些一畢業就一窩蜂地跑向華爾街的哈佛大學生了。對他們來說，最閃耀的權威信號，就是華爾街！二〇〇七年的哈佛大學四年級學生之中，有一半都跑去那裡了，我們也就能理解，派翠克臉上嘲笑他們的表情。在面試現場，一位物理學系學生正自然而然地編造著自己這輩子夢想進入金融圈的謊言。在這裡，前哈佛學院院長亨利・路易斯所說的這句話別具意義：「許多哈佛大學生，都不知道自己為什麼這麼認眞念書。」

一半以上的哈佛大學生都跑向華爾街並非偶然。華爾街把他們包裝成菁英，讓他們覺得就像待在學校裡一樣，並且給予穩定的優越感，進而令他們趨之若鶩。這是在全美國發生的現象。二〇一一年《孤獨的反義詞》作者、耶魯大學的瑪麗娜・基根，曾經公開批判這個問題：「像耶魯大學這一個擁有多元獨特趨勢以及學生的地方，卻沒有半個人規畫出一丁點關於畢業後遠大的計畫，反而決定去做千篇一律的工作，實在令人驚訝。」

現在讓我們回頭看看切爾西。她為了週末的約會，來到學校餐廳，和還不能從學校畢業的男朋友吃飯。這時切爾西說：「我二十三歲，拿著百萬年薪，而且還有房產，但我怎麼還在這種學校餐廳裡吃飯呢？」

她腦海中的問題雖然看起來不怎麼樣，但也是她以自身努力讓它成爲一道「有價值」的問題。不過，大量吸收這種年輕人的華爾街，卻有著與他們完全相反的想法。因爲華爾街的高層人士清楚地知道，大學體系大量產出非常聰明，但卻又完全陷入混亂的畢業生。雖然他們擁有堅強的毅力，以及令人難以相信的職業倫理，但卻都是一群對未來一無所知的孩子。

每天晚上過了午夜，穿著皺掉的襯衫回家，懂得喊「我會努力工作，好好學習」的學生，毫無疑問地是最適合放進華爾街的機械齒輪。就算自豪著「我二十三歲，拿著百萬年薪又如何？」切爾西雖然無法走上像是黑鑽這類華爾街之星的路，但卻感受到比起貼在身上的價格標籤，還要更高的回報。

「如果能夠幫助這個世界，那可是再好不過的事。但是賦予動機的是錢呀！」就像一位華爾街的學長所說，她也是這樣學習社會的。但這是社會的全貌嗎？不，切爾西最後才知道，在知名大學裡也有階級之分。走出圖書館一抬頭，黑鑽們閃耀著光芒，而且還必須面對比自己優秀的人也在華爾街星羅棋布的事實，切爾西首次面對自己並不是最優秀的殘酷眞相。而耶魯大學教授威廉·德雷西維茲看了切爾西的狀況，從更根本的部分探討：「在菁英學生的穩定性、優秀的達成率背後，隱藏的是懼怕。在過度嚴峻的入學過程與無止境的陰險競爭中，這些進入名門大學的孩子們，沒有經歷過成功以外的事情。無法成功的預感，讓這些孩子們心生懼怕，失去方向，令其挫折。」

德雷西維茲繼續說道：「就算只是一時的經驗，無法回應期待時所受的挫折，並非單純現實的問題，而是存在論的問題了。」因爲成功信號消失的空間，足以令習於接受成功信號的人產生恐慌。突然把挫折感丟給不曾遭遇過挫折的人，效果就像突然朝雙腳赤裸的人潑滾燙熱水一樣。

「看來妳好像無法完成這三項任務。若妳想對我大吼大叫也無妨，但實際點來說，如果妳希望我幫忙解決其中一項，就別想吭一聲。」切爾斯在自己的上司面前，熱淚盈眶。這是她進入公司以來表現出最反抗的態度。

最後，切爾斯拿到了最低的考績和最少的獎金。一抬頭，身邊滿是哈佛怪胎，至於上司剛才對自己吐出的話更是令人心寒。她過了午夜才下班，但其實在辦公室裡充滿著熬夜的怪胎。這種加班的情形有多嚴重？讓我們來看看一位華爾街怪胎的紀錄。

「抵達公司後，在位置上從早上八點二十分開始，坐到下午四點半，這段期間內，我什麼都沒吃，什麼都沒喝，也沒去上廁所。這件事情沒有人知道，因爲所有交易皆超高速地進行著。我將所有的精力都專注在交易上面，那時候的自己已接近精神崩潰的極限——三部電話同時響起，電話那頭的人在健身房裡對我喊著：『我要買價值兩億美元的國債期貨！』而另一個客戶在線上等著他所訂購的商品報價，還有另一位客戶也打電話來要告訴我時價。」

在無法一次解決三件事情的切爾斯面前，有一位值得信賴，可以一次處理三筆交易，並且擁有史丹佛大學學歷背景的男人。如果你是經營者，會選擇誰呢？

雖然切爾斯認爲自己是個不錯的分析師，但也知道有很多聰明的分析師同事比她更擅長設計Excel表格或進行有關交易的計算，漸漸地，上司也認爲她不屬於會仔細處理業務的類型。切爾斯希望某位上司能夠知道自己的處境，並提供某些解方，解決這困擾她許久的狀況。

公司上層該怎麼爲切爾斯提供解方呢？在大學畢業後沒有設定自己的未來志向，沒有任何熱忱地進到這裡，除了把她貶到更低的職位以外，公司實在想不出其他對待她的方法了。當切爾斯被交辦製作新聞報刊的事情時，更讓公司的經營者這麼認爲。

爲了印製完美的新聞報刊，切爾斯必須仔細地檢查每個字，發揮她的熱忱，讓顧客、同儕以及上司心滿意足，但是卻同時犯下了嚴重的疏失——她不小心將公司內部一份極機密的地方債評價基準資料，放進了新聞報刊中。讓我們來看看切爾斯爲自己辯護的對話。

「這是公司的機密啊！這種內部機密在任何時候都不能給客戶看。洩漏出去這件事非常令人頭疼！」

「我不曉得。因爲我認爲這是要放在新聞報刊上的資訊。」

「不管怎樣，這都是不能放在上面的東西！」

在公司最高負責人大聲斥責時，切爾斯希望自己的上司能夠爲她辯護。因爲上司是最後一個確認新聞報刊內容的最終負責人。對切爾斯來說，上司是個必須爲屬下負責，像教師一樣的存在，但是這位「教師」卻緊閉著嘴巴。社會是充滿眞槍實彈的，在自己犯的錯面前，沒有人要爲她辯護。

「這些人到底覺得我做了什麼？我其實沒有任何實質的權限啊！只是按照別人的指示去做而已。」

切爾斯剛才所經歷的，是一名職員在公司裡經常遭受的失敗，任何人都會在公司遭遇這樣的恥辱。但就算只是這種所謂「一時」的經歷，在無法呼應期待時，對於只接受過成功信號的菁英來說，會認爲是個相當嚴重的失敗，甚至成爲懷疑自己存在的問題。

在這事件發生幾天後，切爾斯表現出一般人無法理解的樣子。她與工作保持著距離，午餐時間拉長，白天也在市中心晃了許久。在空閒時間甚至拿出筆記本，構想著創業的內容，也試著畫自己公司的商標。

對一般人來說，只是一杯黃湯下肚就能撐過去的事情，她卻一副想要辭職的樣子。但對切爾斯來說，這件事足以讓她的存在論問題產生動搖。抬起頭一看，發現人生首次被當作在集團中平均以下的人，並且第一次感受到自己在團體裡什麼都不是的心情。前高盛集團執行董事格雷格．史密斯如此記錄著：「在SAT拿到一千六百分的高分、哈佛大學第一名畢業……世界上最聰明的人，在高盛集團裡成爲一場災難，任職不到一年就被解雇。這種事情層出不窮，因爲判斷能力不是能夠習得的東西。」

比從哈佛大學第一名成績畢業更重要的是，是否對自己的領域擁有「遮蔽的熱枕」。而在切爾斯所踏入的領域中，最閃耀的光芒是來自於黑鑽，而她卻絲毫沒有屬於自己的光芒。

切爾斯最後承認了自己的失敗：「雖然不像什麼偉大的叛逆分子，但我不想再繼續留在這裡了。」

掌聲消失的空間

切爾斯的故事雖然令人惋惜，但對頂尖學生來說，就會不禁想起哈佛大學心理學家格雷對於「關閉肯定信號」的研究。

「教授對耶魯大學學生說不出『去找你的熱忱』這樣的話。我們大多都不知道方法。」就像耶魯大學教授德雷西維茲所說的，要是無法想像出更厲害的事情，就會像其他畢業生一樣認為「去華爾街賺很多錢是很最合理的」。但是黑鑽卻比這些人還想要在世界上綻放更耀眼的光芒。

在哈佛大學長期擔任教務處長的威廉．菲茨西蒙斯，也留下了這段文字：「囊括一切獎項的優秀學生們，走上這條名為『失敗』的路之後，常常很懷念那段追隨不明確目標的大學時期。我都聽到耳朵要長繭了。」

但是用這樣短短的一段話來為切爾斯下結論並不正確。雖然能夠理解她的想法，但另一方面也令人疑惑，這直指成功的環境信號，為什麼會突然消失呢？

隨著時間推移，切爾斯重新學會了像黑鑽一樣閃耀的方法。這一路走來，美林證券分析師的職稱與百萬年薪的壓力不再掐著她的脖子，因為她知道自己的保存期限剩沒多久，但終究是不經一事，不長一智，我們無法得知會有什麼樣的信號正朝我們飛來。現在在我們身邊的會是黑鑽的信號嗎？難道我們的失敗，也會被哪個教務處長拿來冷嘲熱諷嗎？

哈佛大學出身的社會學家尼古拉斯．克里斯塔基斯給予了這個問題一個令人印象深刻的答案。

「在我們身邊的人際網路構造，以及在其中流動的性格，都會為所有人帶來影響。例如我們雖然知道身邊緊貼著十個人，但卻無從得知自己是在他們之中，還是位在他們之上，就像身處在混亂舞池中的人一樣。」

克里斯塔基斯所說的這一席話，展現出他對切爾斯故事的高度洞察能力。我們被環境的信號力量影響著，且毫無例外。但是這個信號會持續到什麼時候？就連克里斯塔基斯也不知道。

沒有人知道將自己包裝爲菁英的信號能持續到何時。我們在環境信號前，就像站在「混亂舞池」裡的人一樣。一旦了解信號變化的可能性，便能夠成爲改變內心的最重要關鍵。

心理學家們爲這關鍵提出解答。在看解答之前，讓我們先來讀讀讓他們發現這項解答的名單：

一、艾薩克．牛頓（英國）
二、戈特弗里德．萊布尼茲（德國）
三、約瑟夫．拉格蘭奇（法國）
四、倫哈德．歐拉（瑞士）
五、皮埃爾．西蒙妮．拉普拉斯（法國）
六、歐幾里得（希臘）
七、卡爾．高斯（德國）

八、阿基米德（希臘）
九、雷內．笛卡爾（法國）
十、吉羅拉莫．卡爾達諾（意大利）
十一、阿德里安—馬里．勒讓德（法國）
十二、畢達哥拉斯（希臘）
十三、加斯帕爾．蒙斯（法國）
十四、讓．勒朗．達朗貝爾（法國）
十五、奧古斯丁．路易斯．科切（法國）
十六、讓．巴蒂斯特．約瑟夫．傅里葉（法國）
十七、皮埃爾．費瑪（法國）
十八、約翰．納皮爾（英國）
十九、布萊斯．帕斯卡（法國）
二十、阿波羅尼烏斯（希臘）

這是在美國學術刊物上所發表的世界歷代數學家的排名。我們看到了幾個陌生的名字，除此之外，在這個名單上還有找到什麼特別之處嗎？

緊接著我們來看看以下這份名單：

拉爾斯·阿爾福斯、傑西·道格拉斯、洛朗·施瓦茨、阿特勒·塞爾貝格、小平邦彥、讓—皮埃爾·塞爾、克勞斯·弗里德里希·羅思、勒內·托姆、拉爾斯·瓦特·赫爾曼德、約翰·威拉德·米爾諾、麥可·弗蘭西斯·阿蒂亞、保羅·約瑟夫·寇恩、史蒂芬·斯梅爾、亞歷山大·格羅滕迪克、艾倫·貝克、廣中平祐、謝爾蓋·諾維柯夫、約翰·格里格斯·湯普森、恩里科·邦別里、大衛·布萊恩特·芒福德、皮埃爾·德利涅、查爾斯·路易斯·費夫曼、格列戈里·馬爾古利斯、丹尼爾·奎林、阿蘭·孔涅、威廉·保羅·瑟斯頓、丘成桐、西蒙·唐納森、格爾德·法爾廷斯、邁克爾·哈特利·弗里曼、弗拉基米爾·德林費爾德、沃恩·弗雷德里克·蘭德爾·瓊斯、森重文、愛德華·威滕、葉菲姆·伊薩克·澤爾曼諾夫、皮埃爾—路易·利翁、讓·布爾甘、讓—克里斯托夫·約科茲、理察·博赫茲、威廉·蒂莫西·高爾斯、馬克西姆·勒沃維奇·孔采維奇、柯蒂斯·麥克馬倫、洛朗·拉福格、符拉基米爾·弗沃特斯基、安德烈·奧昆科夫、格里戈里·佩雷爾曼、陶哲軒、文德林·維爾納、斯塔尼斯拉夫·斯密爾諾夫、厄隆·林登史特勞斯、吳寶珠、賽德瑞·維拉尼、阿圖爾·阿維拉、曼久爾·巴爾加瓦、馬丁·海雷爾。

這份名單對一般人來說根本看不出有什麼特別之處，也絲毫不關心，但這可是世界數學家大會每四年頒發一次，有數學界諾貝爾獎之稱的菲爾茲獎獲獎人名單。由舉辦國際數學家大會的國家總統直接為得獎人有隆重地頒發獎章，而上述名單是大會舉辦八十年以來的歷代得獎人名單。這個獎項的年齡限制為四十歲以下，比諾貝爾獎還難拿，可以想像他們都是獲得屈指可數的學術成果的一群人。就讓我們來確認一下，這些只以數學成果為基準而獲獎的人當中，有什麼樣的共通點。

學術刊物上的世界歷代數學家排名，和菲爾茲獎獲獎人的共通點是什麼呢？心理學家在這個問題上，發現了令人相當感興趣的答案：他們全部是「男性」。

若排除二〇一四年由韓國女性總統象徵性頒發菲爾茲獎給女性數學家瑪麗安・米爾札哈尼的這唯一一次，讓人感覺在這個領域中只要有女性出現，似乎是件愚蠢的事。難道女性就不能在數學領域中追求卓越成果嗎？

菲爾茲獎並非以性別做為基準，而是由數學成果來評價，再加上學術刊物在擇定世界歷代數學家排名時，是由世界數一數二的數學家和教授負責挑選出來的。

但為什麼只有「男性」這個性別占有一席之地呢？就讓我們以這個主題做個實驗。如果我在權威大學裡，對正在主修數學的女學生說這項發現，並為她釘下「妳最終仍無法在這個領域獲得成功」的釘子，會怎麼樣呢？

照常理來想，這是說不通的，因為僅用一份名單，是無法讓學生抹滅自己的才能的，而且她們不正強調必須突破當時以男性為主的學術界氣氛嗎？在主張性別平等的今

圖1-1 負面信號對成績的影響

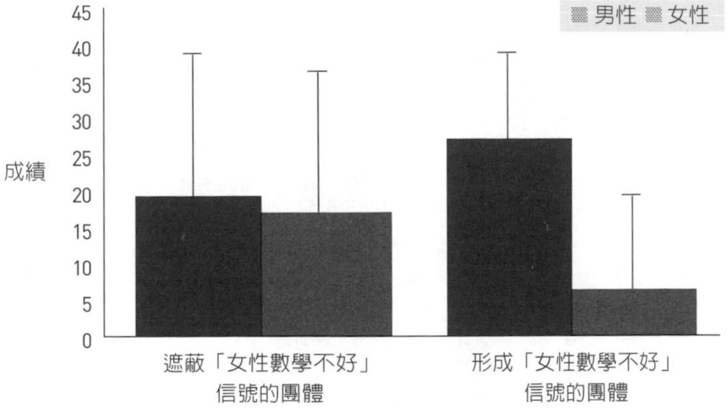

出處：《實驗社會心理學雜誌》（一九九九）

日，女性們其實充分擁有足以改變其排名的能力。

至於性別與世界級學術成果之間有什麼關聯性呢？心理學家在這有趣的點上，曾做了一個深入的研究。史丹佛大學教授史提爾和他的同事們，請就讀頂尖大學且擁有高學問水平的女學生們在解答高難度數學題時，給予以下背景條件：「就像各位所知道的，女性的數學能力不如男性的這項研究引起相當多爭議。我們要打破這項研究結果，這也是今天挑選妳們來的理由。」並且在提供數學問題時，同時傳達過去曾有相同背景的女學生得到一場糊塗的分數這個信號——當然這個信號是僞造的。那麼學生們的答題結果如何呢？

史提爾獲得相當驚人的結果。在（圖1-1）的右側可以看到女學生們的成績就像被一腳踩扁的鋁罐一樣糟。和左邊的成績做比較，在尚未接收這些信號時，女學生獲得的成績結果和男學生沒什麼兩樣。

這是非常驚人的結果，不是嗎？只是單純傳達「和妳同類的人做得不好」這樣的信號，就能讓她們實際的表現能力大幅下降。

史提爾的研究結果指出，在相同條件下，女學生在獲得和男學生比較的信號時，成績會顯著地下滑。此外，在「形成『女性數學不好』信號的團體」比較當中，有看到男學生的成績反而提升了嗎？這是令人熟悉的上升現象。又再度令人想起哈佛大學瑪格麗特·許教授的研究：自己的自卑感會成為別人的優越感。

社會學家克里斯塔基斯雖然說信號是遍布周遭、四處亂竄的，而剛才的心理學研究則只是將疑問集中在男學生和女學生的能力上。那麼，我們就來以克里斯塔基斯的觀點來思考信號。

現在感受到優越感的白人男學生們，也會像女學生們在接受到信號時一樣崩潰嗎？一般來說，白人男學生們在數學領域上是看不太到落後的樣子。

心理學家喬舒亞·阿朗森，請白人男學生們進行高難度的考試時，丟給他們一個簡單的信號：「現在所進行的考試，亞洲男學生們也會同步參與。」

亞洲男學生們的平均數學分數，已經到達能夠讓常春藤盟校的考試向上調整標準的程度了。在傳達這個信號之後，阿朗森親眼目擊到這些跟女學生們相比較時，分數上升的男學生們的成績：坐在亞洲男學生旁邊考試的，其成績會相當顯著地下降。所以，被稱作菁英的人，若突然要和更優秀的菁英競爭，分數便會一落千丈。

你現在看出來了嗎？信號是可以隨意創造、隨意發出的。學生們就如同站在舞池中央，也就是站在雜亂的信號之中。環境的信號有時會讓自信倍增，有時又會將自己變成一個被踩扁的鋁罐。更令人驚訝的是，某些學生沒有意識到自己和男學生一起考試時會備感壓力，或是因爲旁邊莫名其妙坐個東方人而讓成績下滑。他們拿到自己一塌糊塗的成績單時，還認定這是自己「正常」的實力測驗結果。這便是將肉眼看不見的信號，完全吸收、內化的結果。

光請學生長時間把屁股「黏」在課堂椅子上是無法改善他們的成績的，必須看學生在這個環境中，獲得的是「做得好」還是「做得不好」的信號。獲得「做得不好」信號的學生們，就像德國教育心理學家卡羅琳．舒斯特所指出，在壓抑對自己的負面思考時，會消耗相當大的工作記憶力。工作記憶力越強，數學分數就越高，SAT分數也越高，得到頂尖大學入學許可的機率也越高。但是當他們處在「做得不好」的信號裡，會在無意識中與自卑感交戰，因而浪費許多精神上的資源。

讓我們回來看看亞洲男學生。即使他們是少數的移民者，但也占了哈佛大學學生總人數裡約二十％，而占柏克萊大學四十五％的優秀亞洲學生，也享受著「在數學和科學領域裡相當優秀」的信號。

雖然有些心理學家主張他們先天ＩＱ高，又做了相當多的努力，但這次讓我們進入把這些信號都消除的ＥＳＬ（English as the Second Language，把英語當作除了母語以外的第二語言）教室看看。

在這個亞洲學生們首次漂洋過海，來到美國學習英語和社會課的ＥＳＬ教室裡，我們可以目擊到完全相反的現象。在這個沒有數學和科學量尺的空間裡，亞洲學生們會拿出什麼樣的成績單呢？

在這之前，讓我們來確認教師們在ＥＳＬ教室裡，期待著孩子們有什麼樣的表現。ＥＳＬ教師們扮演著把從國外進入美國的學生首次社會化的角色，而他們是這樣看待剛走進教室的孩子們：「這些遠渡重洋來到美國的移民者，希望從頭開始學習美國式精神。他們想要成為連續劇裡那汲汲營營尋求成功的主角。他們所尋找的是三個『Ｍ』，也就是『money（錢）、mobility（身分的流動性）、meritocracy（根據自身能力被評選）』。」

讓我們試著站在教師們的立場一起判斷學生：誰能夠讓英文猶如自己母語般朗朗上口，在自己渴望成功的美國社會中，取得令人印象深刻的成功呢？在這些首次看到未來幼苗們的教師眼裡，最先映入眼簾的是一張長得和美國人的臉一樣的白人臉龐，活潑地在教室裡跑跳——是欲望強盛的俄國學生，而安靜地坐在教室邊緣，只顧著做自己的事情的中國學生，真的可以爲美國社會帶來什麼貢獻嗎？加州大學教育學家格蕾塔・沃爾默把ESL教室裡發生的現象，做了項有趣的研究，並把他們的視角記錄下來。讓我們一起來看看以下這些ESL教師們的對話：

教師B：「雖然俄國學生們看起來是集體行動，但實際上他們每一個人都有相當出衆的長處，比起中國學生們來說好太多了，因為俄國學生們懂得表現自我情感，也更活潑，真的是一群好學生。」

教師A：「俄國學生們比起強調自己來自俄羅斯，他們更喜歡展現屬於自己的風格。相反地，看看中國學生？我和他們沒有過對話的經驗，因為他們根本不講話，甚至沒有嘗試說些什麼。我對這些學生私毫不關心。對於任何一位中國學生，沒什麼好說的。真的沒有。」

這眞是令人心痛。中國學生們將數學方面的才能全部帶來美國，只要好好加強英文，就能夠表現出更好的成績和優秀的實力，而且，他們懂得如何在俄國學生把教室鬧到翻過來的時候，安靜地坐在位置上，孤軍奮戰似地完成作業。但爲什麼這些ESL教師不會帶著微笑，一字一句地教這些具備一定潛能的學生英文呢？

人文學家艾文．桑德形容東方學生為「有品味、謙遜、穩重，知道如何克制自己的行動以避免為別人帶來麻煩的孩子」，也就是把這些學生視為重視群體和諧的人。但是，這種孤軍奮戰的特徵，在這個空間中有什麼特別意義嗎？在教師的眼中，俄國學生是未來能夠改變美國的人才，桑德的信號在這個空間裡並不存在。

教師E：「俄國學生相當熱情。」

沃爾默：「但是很多人提及中國學生們的數學才能吧？」

教師E：「哦，數學才能嗎？不曉得呢，就我來看這些只是個人特質。怎麼說呢？熱中於該領域是他們文化的特徵，其一舉一動、想法，只是屬於文化的一部分罷了。相反地，俄國學生其實也有數學才能，只是他們僅實際運用了一點點。換句話說，不是不在行，而是數學並不是他們專注的領域，所以選擇不去鑽研而已。其實俄國學生也有潛在的數學能力。」

數學好只是個人特質？這段對話雖然令人相當錯愕，但這顯示大部分教師在看東方學生的視角就是如此。東方學生數學好只是因為他們剛好擅長，沒有其他原因。相反地，俄國學生雖然擁有可比擬東方學生的潛力，但只是他們「不想好好運用」罷了。

在這個判斷誰未來將成為美國的明日之星的空間裡，中國學生們的特徵完全無法獲得任何肯定。教師們的對話這樣繼續下去：

教師F：「我國學生真的相當優秀。他們渴望快速前進發展。這些孩子幾乎是馬上吸收ESL課程的內容，相當適應於我們的課程，讓教師在上課的時候很輕鬆。」

在教室裡用輕鬆學來的英語大聲叫喊、跑來跑去的俄國學生，在教師眼裡是相當適應美國化的孩子們，而他們也因此從許多教師口中獲得「擁有多元才能的孩子」「非常具有社交性」「眞正的學生」等等好評。相反地，在教室裡默默面對所有敵對信號而不知所措的中國學生，則安靜地看著這一切。

教師C：「俄國學生真的相當優秀。依照我的經驗，俄國學生的英語真的學得很快。教師可以傾聽俄國學生的話，並和他們溝通。比起坐在那邊的中國學生還要好。中國學生就算再怎麼努力，也得在這待上一年才能追趕得上俄國學生的進度。」

教師D：「……我同意。」

直到大家不再叫我菁英的時候

在拳擊場上被稱作「鏈球」（拆除建築物的大鐵塊）的紅髮選手，和褐色頭髮的選手，站在競技舞臺上。當裁判下達比賽開始指令的那一瞬間，鏈球便使盡全力向對方揮拳，但卻無法準確擊中對方。接著，褐髮選手就像在嘲笑鏈球似的，向她揮去一拳，很遺憾地，她沒能躲過這個拳頭，正面接下這一擊。

「鏈球」這個名字是業餘拳擊教練替切爾斯取的名字。

穿套裝的時候，她雖然獲得最負面的評價，且又一再失敗，不過在拳擊的世界裡，替她取名的教練其實還滿中意她的。

會開始接觸拳擊的原因是，華爾街前輩曾對切爾斯說可以練拳擊來消除壓力，這句話深深烙印在她腦海裡。爲了要首次站上競技舞臺，切爾斯得徹底減去之前穿著套裝時長出來的贅肉。她又再次對教練說了那句熟悉的「我會努力好好學習」，並且開始穿著以往在午夜前就會皺掉的襯衫出現在體育館裡，對切爾斯來說，她需要重新獲得能肯定自己的東西。在其他人眼中可能只是一時的失敗，但對切爾斯來說，卻是「存在論」的問題。在這裡有必要說明一下，她過去一整年的人生過得如何。

切爾斯之前穿著套裝時長出的肉，憑著只吃爆米花和喝水便極端地減掉了，除此之外，她什麼都沒吃。減輕四．五公斤並受嚴格訓練的她，直到快要進行比賽當天才開始懷疑自己的身體究竟能不能撐下去。可是她知道不能放棄，因爲這個比賽是唯一能從所有艱辛過程中取得勝利的機會，而且這個勝利情感對她人生而言相當重要。

切爾斯在競技舞臺上再次「覬覦」褐髮選手。她將面前的選手想成過去曾給自己的命運信號，用繃帶綁著的拳頭便重新注滿了力量。而比賽的速度也變快了，從第三輪開始，對方扎實地挨了幾拳，切爾斯奪回了主導權。越接近比賽後半段，切爾斯的攻擊力變得更加強大，她朝褐髮選手的正面來了記上鉤拳，幾乎要把對方的鼻梁打斷。

隨著局勢的反轉，裁判將勝利判給切爾斯。在這一刻，切爾斯的朋友幾乎要把喉嚨喊破，大聲歡呼著：「鏈——球！鏈——球！」

她的獎盃高達一公尺——這印象深刻的高度，就好像在幫她表明自己還是個有用的人一樣。在這獎盃面前，她徹底解放這陣子一直壓抑住的食欲，吃到肚子快要炸開，又像喝醉般倒頭大睡了一場。起床後她看著生平第一次獲得的獎盃，如此反覆說著：「我仍然是個有價值的人，而且還是個可以把某件事做得好的人。」

5 最好的時刻會如何降臨

——「總有一天我會成爲知名指揮家。」

需要超越努力的時刻

在黑暗的空間中，一名男子將手舉起，維也納交響樂團團員的視線全集中在那隻手上。瞬間，男子帶著彷彿掌控一切的表情閉上眼，直到演奏結束前都不曾睜開。他說，只有在閉上雙眼的時候，才能明確看見眼睛所看不見的音樂「形象」。他的手在半空中舞動著，團員手中的小提琴與大提琴隨著他的手部動作而響起。這位男性所經手的音樂，即將錄製成會在全世界賣超過兩億張的專輯，與他同個時代出生，親眼見證這一幕的英國最具影響力音樂評論家如此描述當天的光景：「卡拉揚與柏林愛樂樂團演奏的貝多芬一結束，觀眾席便發出如雷的掌聲，他們的演奏聽在我耳裡，實在是難以置信地出色。小提琴宛如隨風搖擺的小麥，白髮蒼蒼的定音鼓手，看起來就像從鼓中抓出數隻兔子的魔術師。大提琴手獨自熱情地揮舞弓弦，讓人產生舞臺彷彿在晃動的錯覺。小提琴在溫暖與清澈的音色之間轉換自如，這樣的表現絕對不單只因為高超的演奏技巧。」不單只因爲高超的演奏技巧？美國舞蹈家伊莎朵拉．鄧肯在定義藝術時，曾經斬釘截鐵地說：「讓人類跳舞的是靈魂與精神，而非技術能力。」

現在，我給你一個機會，讓你站上指揮臺。

幸好你有音樂方面的才能、擁有絕對音感，對音樂也有一定的熱情，只要具備這些條件，學習指揮的方法並不困難，不過就是揮舞指揮棒而已，會有多複雜呢？讀完四年的音樂學院之後，你也能輕鬆地站上指揮臺，然後像剛才我們見到的那位男性一樣，靜靜地將手舉高，接著你會聽見什麼？

你會聽到某樣東西倒塌的聲音，和弦很快變得荒腔走板，白髮蒼蒼的定音鼓手只是混亂無章法地「咚咚咚」敲著鼓面，在這樣的演奏之下，我們無法在觀眾臉上看見任何感動的情緒，旋律會在這個過程中漸漸死去。是因爲練習不夠嗎？不是。奧地利作曲家阿諾．荀白克如此回答這個問題：「沒有實力的指揮家經常在第三次彩排結束後，就不知道該做什麼，因爲他覺得現在的狀況聽起來還不錯。對這樣的人其實也不必再多說什麼，因爲他沒有判斷未來的能力，也沒有人強迫他必須要做得比現在更好，這就是眞正的原因。」

唯有在知道自己哪裡不夠好的情況下，努力才有意義。不知問題在哪的努力，令人無法發現微微走調的和弦，在這樣的情況下持續演奏，反而只會更加凸顯這些錯誤。那麼問題究竟是什麼？

首先，應該先試著糾正那些走調的和弦。你走到小提琴區去，請每一位演奏者再次演奏和弦，找出是哪一位出錯，並告知他錯誤的地方。一般來說，業餘指揮家的話都很多，因為他們會覺得任何事都可能會是問題。但即便他們連定音鼓都仔細確認，定音鼓手演奏出的音色，絕對不會像是「彷彿從鼓中抓出好幾隻兔子的魔術師」，演奏者會變得像伊莎朵拉·鄧肯所說的一樣，只是技巧比一般人更出色一些罷了。

光憑這點，你就絕對無法成為受到國際認可的指揮大師。即使按照指揮技巧原則練習一萬小時，你的音樂仍無法給人超越感動的體驗，只是以完美的技巧按照起承轉合，將曲子演奏出來罷了，沒辦法讓愛音樂的人感到心塞、產生劇烈的感動。

那麼國際指揮大師和一般指揮家有哪裡不同？在回答這個問題之前，我們要思考更根本的事情。

現在有數十位具備不同才能，且心高氣傲的演奏家齊聚一堂，該怎麼做才能攏絡他們，創造出最美妙的聲音？這是非常高超的心理戰。在那個人人都認為自己最優秀的空間裡，只要有一點小事發生，就會影響演奏者的情緒，讓他們築起心牆，依照自己的方式演奏。在那個房間裡，小提琴或大提琴的技巧好壞取決於個人才能，但若想指揮他們，還需要一些超越個人音樂才能、足以掌控他們的特殊能力。現在讓我們去探訪卡拉揚的練習室吧，那裡究竟發生了什麼事？

樂團有一位新進團員，如此回憶他與卡拉揚的初見面：「我曾經跟他一起演奏，當時我是交響樂團的新人，而且經驗也不豐富。當時演奏的作品是〈唐璜〉，以前我有學過這首曲子，也練習過自己演奏的部分，但我從來沒有正式演奏過這個作品，我完全不懂卡拉揚的重拍，也感受不到重拍的存在。他只是對著空中揮揮雙手，不像樂團團長會幫我們對拍子，於是我便錯過進入樂曲的時機。」

上述是指揮交響樂團時常見的情況，新團員很容易錯過自己該演奏的時機，這時大部分的指揮會立即中斷演奏，指責新團員到令他們感到羞愧的程度，不過卡拉揚對待新團員的方式倒是十分有趣：「卡拉揚會看一下新進團員，彷彿在說『我很了解自己在做什麼，希望你也能盡到自己的責任，現在我不會對你出錯的地方多說什麼，但等我們演奏到再現部的時候，你就會了解我目前在做什麼，我們也會更明白你的行爲有什麼意義。』」

卡拉揚不會輕易判斷新團員才能高低，他總是對新進成員發出肯定的信號——「雖然現在出錯，但你做得到」。

讓我們接著來聽聽團員怎麼說：「快進入再現部了，當然我已經準備好要演奏，也演奏了那個段落，幸好我的演奏很成功，他又再次看了我一眼，好像在對我說『就是這樣！』只是他沒把那句話說出口，而是用表情來傳達這個意思。卡拉揚眞是了不起，我可以立刻跟這樣的人拉近距離。」

從這段話當中能發現什麼？卡拉揚就像施了魔法一樣，說服、教導菜鳥團員，引導他們演奏出理想中的音樂，這與業餘指揮家責備新團員的方式有天壤之別。

他崇尚的是眾人皆能理解的基礎，而卡拉揚練習室的所有人也都像被他感染一樣，跟隨他往那個方向前進，若這樣的人努力練習一萬小時會發生什麼事？全球第一張賣出兩億銷量的古典音樂專輯，就是來自於他那小小的練習室。

他是如何在古典音樂界，成爲令眾人難忘的大師？即使承受眾多來自周遭的忽視、對個人才能的批評，他仍成爲舉世聞名的大師，其實正是因爲他具備我們不斷尋找的條件，而現在我想要正式深入探討這一點。

黑鑽帶來的教訓

我們該如何看見一個人眞正的才能？讓我們回到過去，來看看一位孩子。

小巧卻強韌的身軀、略高的鼻子、銳利的眉眼，這個令人印象深刻的孩子擁有許多才能。

學校的成績總是「平均優良」，其中在數學方面的才能並不算頂尖。他喜歡踢足球，是名出色的守門員，他哥哥曾說：「我弟弟有一段時間很愛踢足球。」當然，他的實力也沒有好到能成爲職業球員縱橫球場的程度。他也喜歡滑雪，還曾經獲選爲業餘滑雪選手，但他最擅長的其實是彈鋼琴。

這孩子雖然曾說：「在讀書時還要練鋼琴，會覺得很有壓力。」不過他的父親認爲如果要讓孩子更有教養，那就應該要學彈鋼琴。父親在日記本中大量收藏孩子演奏鋼琴的照片，就像一本相簿一樣，那是他最能感到驕傲的紀錄。

「一九一七年四月十五日，卡拉揚第一次與家人八手聯彈，演奏了海頓的第一〇三號交響曲〈擂鼓〉。……一九一七年四月十九日，八手聯彈，演奏孟德爾頌的交響曲〈蘇格蘭〉，卡拉揚展現了出色的節奏感與演奏技巧。」

他的父母親帶著期許孩子能更有涵養的心情讓他學鋼琴，而這孩子則十分熱愛手指所演奏出的聲音，他深陷其中。起初雖然達到職業級水準，但卻面臨手指發炎的殘酷命運，而且在演奏較困難的作品時，他明確感受到自己的極限。讓卡拉揚以鋼琴家身分嘗到挫敗滋味的作品，是一九二六年五月十二日演奏潘喬·弗拉季格羅夫的〈第一號鋼琴協奏曲〉，那是一首非常困難的曲子，他雖然花了兩個星期嘔心瀝血地學，但最後只能承認自己的手指並沒有足夠的才能，可以創造出更美妙的音樂。

雖然十年來每天花四小時坐在鋼琴前練習，但過了十年才領悟到自己的才能有限，那是多麼悲慘的事！就像那個年齡的孩子一樣，卡拉揚也有很多渴望從事特定職業的夢想，更曾經想成爲穿著帥氣的實驗白袍，在科學研究所裡工作的科學家。卡拉揚就學時便確信汽油內燃機的時代很快就會來臨，他也認爲自己將會發明後續機種。

來，現在讓我們回顧一下這孩子的才能。看起來在音樂方面較有才能，不過還是有一定的極限，如果能順利自四年制大學畢業，應該能到不錯的公司就職，運動方面也有能當講師的才能，一切都「不多不少剛剛好」，所以要發明汽油內燃機的後續機種看起來是有些困難。如果是你，會有什麼想法？

這對父母積極支持孩子對科技的幻想，他們認爲與其冒風險從事音樂家這個未來不穩定的職業，不如選擇「眞正」有未來展望的科技產業會更好一些。比起只有被認同的極少數頂尖音樂家才能勉強餬口的藝術領域，在剛好的地方、領剛好的薪水，反而是比較理性的選擇，不是嗎？而這樣的想法，自然使這孩子感覺自己十多年來堅信的鋼琴家夢想遭到背叛。

不過我們不能用這種客觀的方式來分析一個孩子的才能，就像法拉第在二十歲那年敲響科學實驗室的門時，那些科學家曾經說「讓這孩子看看什麼是眞實」一樣。

即使我們能靠表現來評價一個孩子的才能，但卻無法預測孩子想要跨越障礙的意志力有多堅強。我們看不見孩子內在的力量，當然這是在孩子決定讓成績單限制自己個人發展之前才可能擁有的力量。而爲了了解他內在的力量，我們需要好好回顧卡拉揚的幼年時期，觀察他的傳記作家曾以這樣一句話來描述他的性格：「卡拉揚不是那種能受他人指揮的人。」

卡拉揚費盡心思想找出他相信能讓自己幸福的事情，那也是能夠左右他個人命運發展的事情。卡拉揚的哥哥沃夫岡記得弟弟十八、十九歲時說的一句話：「哥，方向不重要，無論是指揮、滑雪還是賽車都好，我只想成爲最傑出的那個人。」

最後究竟是什麼樣的意念緊緊纏著這個孩子？令衆人感到訝異的是，他最後還是選擇了音樂。

跨足這個大多數人都不會受到矚目，只有極少數大師才能存活下來的藝術領域，會發生什麼事？一位長期觀察卡拉揚藝術觀的評論家這麼寫道：「觀察創意力的歷史，會發現其實有很多人就像肥沃的土壤一樣，留下了大量的作品，但他們並沒有獲得名譽或金錢等相應的報酬。史上還有哪個畫家的成就，能與創造出完美畫作的維梅爾媲美？他傾注了許多心血在畫作上，但他死後，妻子卻必須接受他人的救濟，與孩子也面臨不得不骨肉分離的貧困生活。藝術家死後，他們的妻子便會面臨這樣的命運。除了極少數的人之外，創作人與貧困幾乎不可分割。」

卡拉揚的父親認為，他曾經用來記錄孩子彈鋼琴的日記本是個錯誤。為什麼他的孩子不主張要開創汽油內燃機帶領的全新時代，反而決定拿起指揮棒？

最後父母與卡拉揚找到彼此都能夠妥協的方案，那就是繼續學習音樂，同時取得任何一種技術的資格證照。在不得已的情況之下，卡拉揚假裝申請進入技術專科學院就讀，但卻幾乎沒有證據顯示他眞的有去上學、修課，這不過是再一次證明卡拉揚不會受他人指揮，只專注於創造屬於自己的信號。

那麼為什麼卡拉揚會選擇拿起指揮棒？為什麼他偏偏選擇「指揮」這個領域來讓自己成為頂尖人士？

即使上了年紀，卡拉揚仍懷有一個難以忘卻的回憶，但那並不是與音樂相關的經驗，反而是更簡單的經歷：六歲的卡拉揚曾經打開過以水渦輪驅動的發電機。當卡拉揚和渦輪管理員一起打開門鎖時，手上拿著鑰匙的他露出非常眞摯的表情，然後他還幫忙管理員把長長的控制桿向下拉，這就是令他一輩子難以忘懷的回憶。發電機發出巨響，一道閃光照亮黑暗，整座城市都亮了起來。這的確是只用一個動作，就創造了十分強烈的效果——他忘不了那個時刻。

特別關注藝術的哲學家理查．奧斯本曾經評論：「五歲的他，作夢也無法想像得到現在的光景，握住控制桿這麼一個不起眼的動作，卻能夠創造出人類史上最美妙、最清晰可見的光芒。」卡拉揚不斷尋找的目標便是指揮，如同哈佛黑鑽們從小的憧憬，甚至將海報貼在房間一樣，卡拉揚房間的牆上，肯定也像黑鑽們一樣貼著指揮家的海報。

卡拉揚閉著眼，在略爲黑暗的空間中，靜靜高舉起手，再將手向下揮。接著定音鼓的轟鳴便隨著他的手勢逐漸大聲，小提琴與中提琴的演奏越來越激動，在這驚人的樂聲之中，他閉著雙眼再次感受一個六歲孩子發出轟隆巨響的心跳。

當他還住在科技大學前的寄宿家庭時，經常能夠聽見他房裡傳出熟悉的音樂聲。寄宿家庭的女主人回憶起卡拉揚整天關在房間裡面，開著留聲機、看著樂譜，不斷練習指揮的模樣——女主人小心翼翼地走近卡拉揚，問他對著空中比畫什麼，而卡拉揚則以充滿自信的表情回答：「我在練習，總有一天我會成爲知名指揮家。」

遮蔽環境信號

德國烏爾姆劇院經理艾爾文．迪德里希的工作之一就是發掘潛力人才，但因爲劇場本身沒有什麼預算，所以只能從畢業生當中挑選擁有高度熱情，同時願意接受微薄薪資的人，於是他注意到卡拉揚。

當時的卡拉揚不知天高地厚，天真且熱情地認為指揮棒就像魔杖，便答應接下這個薪資低廉的工作，其實迪德里希向他提出邀約時，他真的不知道該怎麼辦。由於他迫切地想站上指揮臺，卡拉揚不知道自己究竟放棄了多少東西，甚至還想盡辦法瞞過希望他安分從學校畢業的父母，於是他向迪德里希提出一個條件：「如果能給我指揮新作品的機會，那麼我願意全力以赴。一星期之後如果你不滿意我的表現，那我會毫不猶豫地離開，所以請讓我親自彩排我指揮的作品。」

他謙虛地請求彩排的機會，迪德里希也非常喜歡他的態度，本來只是想找個「便宜」的人進來，卻沒想到他竟然這麼積極，就像面試官遇到來打工的日薪兼職人員說會比正職員工更認真一樣。卡拉揚接著補充，因為剛從學校畢業，所以還沒有真正指揮過一齣歌劇，不過希望迪德里希能好好關注他對歌劇的熱情，並給他客觀的評價。

卡拉揚花了很多時間學習、準備，他就像個年輕時才能沒有受到認可，所以四處尋找機會的普通畢業生一樣，以迫切的眼神簽下一紙廉價賣身契。

但現實卻和預期不同，他第一次在職場聽交響樂團的演奏時，真是差點就要昏倒。樂譜上要有九隻小號一起吹出華麗樂音的段落，卻只有一隻小號獨撐大局。合唱團更是令人無言，雖然他批評合唱團是「連樂譜都不會看的粗工」，但其實他已經非常克制。「粗工」這個形容方式，後來被地方媒體《西南新聞報》用來指責卡拉揚恩將仇報，他的傳記作家記錄：「合唱團大部分的成員都是業餘人士，大多都是利用個人時間以無償方式來參與演出的耿直市民。」

無償的普通市民？來，試著跟卡拉揚一起閉上眼睛舉起指揮棒，你聽到的不會是國際大師帶來的美妙樂音，而是業餘市民合唱團用盡力氣擠出的歌聲，對沒有背景的卡拉揚來說，這就是全部。不過試著換個角度想，一個地區的市民會願意特地撥出個人時間，在新手指揮家的帶領下演唱嗎？所以就像媒體批評的一樣，這其實是該感激的事情。

對了，卡拉揚的月薪也令人印象深刻。交響樂團團員一個月大約是兩百四十馬克（約新臺幣四千兩百元），卡拉揚則是八十馬克（約新臺幣一千四百元），他必須用這筆錢來支付房租、餐費以及老舊摩托車的油錢。他經常連續兩天穿同一套衣服出門，並把發出怪味的待洗衣物送給母親處理。每當這時候，他的母親便會寄給他放有牙膏和肥皂的包裹，他也沒有餘力在拆包裹時計較那種羞恥感。

應該要像他父親放棄當演員一樣才對，卡拉揚真是做錯了選擇。

卡拉揚小心翼翼地向迪德里希提調高月薪的事，而其他團員也幫可憐的卡拉揚說話，迪德里希卻毫不領情。

「別開玩笑了！他是實習生，是來這裡學習的，反而應該要付學費吧！」迪德里希說得沒錯，卡拉揚把二十五歲之前的人生耗費在這，而後面的發展任誰都能夠輕易預測。卡拉揚在烏爾姆劇院度過很長一段時間，他也覺得差不多該去其他地方發展，讓我們聽聽接下來這段對話：

「我是烏爾姆劇院的年輕樂團團長卡拉揚。」

「烏爾姆劇院嗎？」對方大喊。

「你在那裡待了多久？」

「我待了五年。」

「在烏爾姆劇院待了五年……看來你在那裡沒有獲得任何東西。」對方有些遺憾地揮揮手。

這就是卡拉揚的極限。後來被國際評為「超人指揮家」的卡拉揚成名時，英語系國家便經常以這段時間的發展質疑他的才能。

這些媒體對國際視卡拉揚為文化英雄、奉為神一般的指揮家感到嗤之以鼻，而這是「正常且符合期待的現象」。如同哲學家理查·奧斯本的評論，要把曾經在烏爾姆劇院打掃舞臺地板、用推車載運樂器到彩排地點的青澀指揮家卡拉揚神格化，對英國人來說是在情感上難以接受的事情。

當時德國是第一次世界大戰的戰敗國，為了償還如天文數字般的戰爭賠款，正經歷經濟學理論中經常被提及的嚴重通貨膨脹。一位經濟學者曾以「就像大爆炸對物理學帶來的影響一樣，經濟大恐慌擊垮德國經濟」來形容當時的情況，在這種情況下能夠找到工作，本身就是一件值得慶幸的事。若要在這種逐漸崩壞的地方懷抱夢想，那麼有權力能將你推上高處的教授，肯定會看著你，且遺憾地兩手一攤表示無奈。

曾經被懷抱十年的鋼琴夢背叛，如今再一次拿起指揮棒渴望實現夢想，但這個世界並不像書上能以一句「最後終於克服逆境，嘗到成功淚水的滋味」帶過那麼容易，卡拉揚待在這個只靠一隻小號撐全場的地方，究竟有什麼感覺？

「指揮一個不像樣的樂團，難道不會對音樂帶來負面的影響嗎？」

後來一位記者曾這麼問他，而卡拉揚以簡單明瞭的一句話，回答他曾經在底層打滾的這段時期：「當不像樣的交響樂團在我面前演奏時，我會用心去聽那些理想的聲音，想像自己在指揮其他交響樂團，所以沒關係。」

他的回答令我想起A.C.看名畫〈玩紙牌的人〉時的模樣。卡拉揚會準確地在必要時切斷自己與身邊一切事物的連結，跟屈就於八十馬克的人生相比，更重要的是他只要閉上眼睛就能清楚聽見的美好樂音。而最重要的是什麼？他切斷與所有事物聯繫的這個舉動，就已經是在回答這個問題了。

卡拉揚切斷聯繫是有意義的。他靜靜成長到能用才能說服眾人的程度，最後終於離開烏爾姆劇院，成功在國立歌劇院出道。媒體給了他「美好的卡拉揚」這個稱號，甚至刊登專文讚賞他，已經累積許多經驗的指揮家也都聲稱自己應該要像卡拉揚一樣，重新學習指揮技巧。正是因爲媒體的炒作，該領域的元老才會開始對卡拉揚抱持戒心，甚至開始討厭他。仔細想想，在接受國際頂尖菁英教育，數十年來一直縱橫指揮界的大師面前，突然有個沒來頭的小子獲得矚目，那是多麼令人氣憤的事情？

一九四六年二月二十三日，一份簡短描述此狀況的報告被公開來，其中值得令人注意的是第二點和第五點：

二、對卡拉揚懷有敵意的指揮家福特萬格勒，動用了所有手段對維也納愛樂樂團施壓，強迫維也納愛樂立即跟他簽約，讓他成為首席指揮家。

這代表他能指揮大部分的演奏會，同時也有權力決定該由誰來指揮維也納愛樂樂團的其他演出。他之所以想要簽下這份合約，是因為想要讓瑞士、法國、英國知道自己在維也納是多麼不可或缺、多麼受到歡迎的人物，同時也希望讓卡拉揚能看到這一點。

五、筆者根據非常值得信賴的情報來源得知，福特萬格勒以卡拉揚為對手，開始策畫一連串的陰謀。換句話說，就像我們在柏林曾經看到的一樣，福特萬格勒正動用所有方法，想要在維也納複製將卡拉揚趕走的戲碼。

在這樣的情況下，曾有人告訴卡拉揚一句令他刻骨銘心的話：「不要想得太困難，這是個很政治化的問題。福特萬格勒回到家時，你自然只能從後門離開。」

叫他從後門離開？《紐約時報》如此記錄當時的情況：「三、四個人湊在一起，計畫著把樂團當中特別突出的同事趕走，他們這種露骨的態度，實在是我看過最厚臉皮的行爲。」面對這種問題，卡拉揚並沒有向朋友抱怨，只是經常以「總有一天這些機會會回到我手上」來結束話題，然後切斷身邊的嫉妒帶給他的影響，靜靜地從後門離開，開始計畫自己秋季的錄音行程。

那爲什麼卡拉揚會招人忌妒？要回答這個問題，必須先了解最熱中於阻礙他發展的威廉·福特萬格勒的品性。

我們來看看他的紀錄：「德國作曲家齊格弗里德·華格納說，若有一位競爭者侵犯自己的領域，福特萬格勒會感到非常不舒服。若有誰在哪裡開始獲得成功，他便感覺自己會受到影響。根據作曲家理查·史特勞斯的說法，福特萬格勒對跟指揮有關的事觀點十分狹隘，而且具有十分強烈的虛榮心。美國文化軍官帕塞提則說，福特萬格勒是個厲害的策士，同時也是個不認同自己以外的一流指揮家。」

福特萬格勒想要徹底將卡拉揚的名字從世界上剔除，讓我們來讀其他的紀錄。

「福特萬格勒答應指揮一場特別的音樂會，主辦方自動將卡拉揚從指揮名單上剔除。」自動剔除？卡拉揚面對所有的憤恨都不爲所動，元老都是會逝去的人，與其對他們所發出的信號做出反應，不如靜靜計畫自己很快就要賣出兩億銷量的專輯比較實際。「即使無法在公開場合指揮，但我的時代終會來臨。這場所有人都相互為敵的維也納戰爭就交給別人去打吧，我要冷靜且有自信地等待時機到來。」

最後福特萬格勒在一九五四年去世，卡拉揚則於一九五五年接下柏林愛樂交響樂團的指揮工作，這個全球頂尖交響樂團的指揮職位在福特萬格勒去世後就一直出缺。他還可以同時兼任終身藝術總監，這是因為福特萬格勒為了趕走卡拉揚做了很多遊說，而這也迫使卡拉揚只能更沉穩地發展出更多才能，最終得以說服他人。努力的結果，就是讓他獲得全世界最頂尖的交響樂團終身指揮權。曾經才能備受質疑的卡拉揚，為了成為世界級的指揮家，不得不切斷來自周遭的所有負面信號。這時候，我們該來讀讀卡拉揚在離開烏爾姆劇院時，寫給父母親的一小段信件內容。遺憾的是，想阻止他繼續往指揮家這條路發展的第一組人馬，正是他的父母。考慮到父母親害怕兒子成為音樂藝術家，過著沒錢的悲慘人生，再加上他在烏爾姆劇院只領八十馬克的生活，就不難理解兩人這麼做的原因。

「離開烏爾姆劇院之後，我第一年的薪資是一萬四千馬克（約新臺幣兩萬四千元），第二年是一萬五千馬克（約新臺幣兩萬六千元），第三年是一萬六千馬克（約新臺幣兩萬八千元），他們跟我簽了三年的合約，我得到了自己想要的。十二月初次協商時還不到七千馬克（約新臺幣一萬兩千元）呢！只要想到一年前的狀況，我眞的是感激不已。而且喀斯魯的總監在看完我的演出後，表現出難以置信的感動，更留下惋惜的淚水（因爲他錯過我）。他告訴我說，我在兩年內會成爲德國最重要的指揮家之一！所以，現在告訴我吧，你們對我滿意了嗎？」

卡拉揚的信充滿防衛心，不過父母從小就懷疑他的才能，而年紀尚輕的他，也必須在這十多年當中，獨自抵擋來自社會各界的關注，一想到這一點，實在不難理解他最後那個問號的意思。

在登上世界頂尖之前，我們來看看他最後一次的遮蔽信號的實例。

很多人對他在與世界頂尖的交響樂團合作之前，是否眞的有相應的才能一事抱持懷疑的態度，令人訝異的是，這些人大多是卡拉揚樂團的團員。這裡匯集了許多如明星般耀眼的國際菁英，必須讓一個過去曾在烏爾姆劇院清潔地板的人來帶領，誰不會感到抗拒？而且怎麼可能不抗拒？這個男人出生在與藝術八竿子打不著邊的醫生家庭，眞的有可能理解數十種樂器同時演奏一個音那種細膩又驚人的和諧嗎？

巡迴演出時擔任長笛首席，隸屬於愛樂管弦樂團的一位團員，就曾經在英國媒體的訪問當中，嘲諷地說在演奏貝多芬交響曲〈田園〉時，他無視卡拉揚的指示，刻意演奏得比原本的節奏慢了一些，但卡拉揚卻意外地一句話也沒說。坐在交響樂團後面的團員，也在貝多芬第五號交響曲時，刻意在卡拉揚面前演奏得荒腔走板，而卡拉揚看起來毫不知情。不過他真的不知道嗎？卡拉揚回答：「我知道他們演奏得荒腔走板，不過我能說什麼？即使你站出來把他們趕出會場，也只會引發騷動而已。」

他們的高貴出身對卡拉揚來說是難以承受的重量，他在面對這些嘲笑自己的人時，表情從來不曾有任何變化。「因爲他們是用面對工作的態度來面對音樂，根本無法超越樂譜，所以跟他們分開我一點也不難過。」

半瓶水響叮噹，卡拉揚再一次閉上眼睛舉起指揮棒，他並沒有動搖，在經歷衆多選擇與專注的時間之後，他終於躍升頂尖的行列，他的才能超越嘲笑他的愛樂管弦樂團，讓所有人一致同意由他來擔任全球最頂尖的柏林愛樂樂團總指揮。

卡拉揚超乎所有人預期，成功成爲全球絕無僅有的指揮家。一位研究他生平的傳記作家指出，若他對那些與自己敵對的信號做出反應，那麼愛樂樂團或許就是卡拉揚指揮生涯的終點。

反映本質的努力

那麼，該怎麼做才能像卡拉揚這樣，專注於自己的領域直到成爲頂尖？能遮蔽信號的力量是什麼？卡拉揚給了一個很有意義的回答：「各位聽過野牛的故事嗎？有一天，一位青年前去找他的教師請求協助，這位教師請青年進入自己簡陋的小屋當中，要他冥想與父母有關的事情。那是一座被樹葉覆蓋的小屋，出口十分狹小。沒多久青年離開小屋，因爲他無法專注，所以教師又要求他冥想與玫瑰有關的事，但這次他又失敗了，於是教師問他：『對你來說最重要的事情是什麼？』青年說是自己農場裡的野牛。『那麼你再回到小屋裡，冥想關於野牛的事。』教師這麼對他說。過了很久之後，青年都沒有再出來，教師開始感到憂心，爲了查看青年的狀況，便把他叫到小屋外。青年說：『我有個問題，我完全想不到該如何讓牛角通過這道窄門。』教師回答：『現在你已經完成第一階段了。』讓作品與自己合而爲一，我想就是類似這樣的情況。」

最重要的是什麼？就像青年在小屋裡想像野牛一樣，卡拉揚也在當時尋找對他來說最重要的事物，就讓我們看看當時的他。

時間倒轉，奧地利維也納市中心有一名忙得不可開交的學生。卡拉揚幾乎不曾在維也納留下任何社交活動的蹤跡，同年齡的學生都只記得卡拉揚成天抓著指揮棒的樣子，即便練習量多到他必須在店裡狼吞虎嚥地把三明治吃光，然後再立刻重新回到指揮臺上，當時的卡拉揚都甘之如飴。

而且這驚人的練習量，是卡拉揚對自己的要求。哲學家理查·奧斯本記錄了一封當時卡拉揚寫給父母的信：「現在演奏會非常多，我經常造訪歌劇院。最近曾觀賞匈牙利作曲家多赫南伊·埃爾諾的鋼琴演奏會，今天要看福特萬格勒指揮威爾第的〈安魂曲〉，明天要參加奧地利指揮家克萊門斯·克勞斯的交響曲演奏會，星期五要拿叔叔給我的票，觀賞莫斯科藝術家團體的表演，他們會在傍晚表演馬克西姆·高爾基的〈底層〉。星期日小提琴家佛里茲·克萊斯勒會在歌劇院做早場演出，我想要找這場演出的票。我完成了第一次的指揮，曲目是韋伯的〈奧麗安特〉序曲，希望能在聖誕節之前完成第二次指揮，我正和交響樂團一起練習布魯克納第四號交響曲〈浪漫〉。」

如果說這是一封寄給父母的信，那麼內容實在令人感到困惑，不覺得嗎？信讀起來就像一份報告，那時他就快要展開大學生活，正是著迷於了解朋友、如何獨立生活、如何欣賞窗外風景的年紀，但信中卻完全沒有記錄他的社交生活。卡拉揚在自己的住處裡一想起父母要他成爲一位技師，就想立刻奪門而出，但只要想起他最重視的指揮棒，就能夠一直足不出戶。

讓我們重讀一次這封信，可以發現信裡出現一個熟悉的名字，福特萬格勒想方設法阻止他發展，卡拉揚竟然還去聽了他的演奏會？更令人印象深刻的是，卡拉揚成爲柏林國家歌劇院的指揮，福特萬格勒正式將他視爲眼中釘時，卡拉揚甚至會變裝去聽福特萬格勒的音樂會。

這種行爲眞的超乎常人的理解。福特萬格勒想毀掉他的人生，而卡拉揚對此產生的情緒卻與一般人相去甚遠，他如此回答該疑問：「因爲義大利指揮家托斯卡尼尼與福特萬格勒的指揮都已達到最高境界，將他們的優點融合在一起，就是我的最終目標。」

福特萬格勒總是即興且自由地詮釋主觀的靈感，而托斯卡尼尼則信奉「指揮家只是單純傳達作曲家所創造的音樂」，總是按照樂譜的內容演出。無聲無息地踩在這兩位大師背上的卡拉揚，最終目標就是讓自己介於這兩者之間，同時又能夠建構出屬於自己的獨特音樂世界。

想到卡拉揚的音樂世界觀，會不會覺得膝蓋好像被人重重打了一下？一九五四年福特萬格勒去世，卡拉揚便在一九五五年接替他並非偶然。對職業挖角人士來說，福特萬格勒的接班人始終都只有卡拉揚能勝任。

就好像卡拉揚的住處裡有一頭名爲「福特萬格勒」的野牛，即便那頭野牛帶著憤怒的神情、可能威脅到自己，卡拉揚仍將其視爲最珍貴的存在，靜靜地等待。

成功並不完全取決於個人的努力，還必須等待能夠發揮個人長才的時機，等到那頭野牛再也無法用力時，卡拉揚才靜靜離開住處，最後，卡拉揚讓時間成爲他的助力。

這究竟是怎樣的一種境界？在卡拉揚指揮的過程中，一位團員在演奏時不小心錯了一個音，他爲此向卡拉揚道歉：「卡拉揚，抱歉，有隻蒼蠅在我的樂譜上飛，可能是因爲我太在意牠了，所以才會錯一個音。」

這時卡拉揚說了一句令衆人驚訝的話：「別在意，讓那隻蒼蠅也一起演奏吧！」

完美遮蔽環境信號與高度集中，從中所創造出的力量十分強大。任誰都能夠建造起遮蔽所有環境信號的小屋，而且腦中想起的會是自己最在乎的「野牛」，而非他人所建議的「玫瑰」，這是與過往不同的特殊力量，使得過去那個在理工大學附近的寄宿家庭裡，對著空氣揮舞的孩子變得更加獨特。

讓我們更深入認識在小屋裡想像野牛的卡拉揚吧！剛進入大學，卡拉揚雖然申請選修了指揮課，不幸的是，沒有能夠教那門課的指揮家，更令人不知所措的是除了各種音樂理論之外，學校對歷史等指揮以外的其他科目要求也十分嚴格。卡拉揚就是從這時開始閉上雙眼、遮蔽信號的，即便他的音樂史只拿到B，他也沒有去充實那些能夠讓教授滿意的額外知識，更不回應學校要他學習作曲的要求。卡拉揚開始像棒球選手佩德羅亞一樣，只等著揮大棒，他的每一分每一秒，都只專注在「指揮」這個領域中。

學校粗魯地對待卡拉揚，用「如果包括作曲在內的所有科目都沒有合格的話，那就不能上指揮課」的藉口讓他碰了個釘子，而且作曲課的考試是由全校最權威的弗朗茲·施密特監考，想要通過就必須得到他的認同。

爲什麼要要求想成爲指揮家的孩子學作曲？這或許是肇因於社會擅自發明的才能判

斷機制。這就像是要求想成爲偉大數學家的學生，也必須在科技、語文、歷史等必修科目獲得好成績一樣，用樂譜來比喻的話，就是既然你腦海中已經能夠浮現出一段旋律，那就應該要懂得如何將其寫成樂譜；就像是要求想成爲國際知名地質學者的霍納，除了地質學以外，必修的語文成績也要達到一定標準，但若我們回顧指揮家的歷史，會發現在指揮方面有好表現，同時又有名曲傳世的指揮家實在屈指可數。即便如此，爲了在與指揮本質相去甚遠的領域獲得好成績，大多數學生仍必須想盡辦法擠出新的旋律，像在砌牆一樣，累積音樂史等其他音樂通識科目知識。而卡拉揚只是窩在寄宿家庭裡，對著空氣持續揮舞他的指揮棒。他將最根本的努力，用於回答何謂眞正重要的事物，而令人意外的是，這樣的努力也造就一個結果：在作曲考試中退讓的並不是卡拉揚，而是系主任施密特。卡拉揚的同學一直看著整件事情的發展，卻沒有任何一位學生對他的作法提出質疑，反而還站在他那邊支持他。

「他的指揮才能眞的很出色，因爲這樣就讓他退學實在太不像話了。」

這就是以才能服人。對想成爲數學家的孩子來說，在要求他們的語文思考能力，檢驗詞彙量、背誦能力的時候，他們反而會更迷戀數學公式與數學之美，這也使得他們的才能越來越耀眼。

不過施密特並沒有完全放棄。施密特主張：「如果他無法交出自己寫的曲子，那至少要證明他的管弦樂編曲能力。」幸好卡拉揚成功將貝多芬C大調第三鋼琴協奏曲第一樂章，改編成管弦樂用的樂譜。不過在最後的指揮考試當中，卡拉揚又再一次堅持己見，讓我們來讀讀以下這段紀錄：「彩排必須在所有專家面前進行，評審團長是佛朗茲・施密特。比我早去考試的同學都發揮了自己的能力，努力想在那個情況下有效展現出自己的才能。接著輪到我時，我刻意對交響樂團製造出一些小事故。人們都以爲我們會一口氣把序曲指揮完，但我反而在舞臺上提出很多要求。像是『小號，請一個一個吹』，或是『不，這個部分沒有節奏』之類的。用這種方式指揮，光是小號的開頭就花了大約十分鐘，接著佛朗茲・施密特便起身宣布考試結束。」

在這次考試當中卡拉揚做了什麼？其他學生都帶著緊張的神情，小心翼翼地指揮交響樂團，只有卡拉揚像個眞正的指揮家。他用指出小號的缺點、說出跑拍等問題的方式，讓考試變得像眞正的彩排，而且光是小號的進入部分就花了十多分鐘，這也使得施密特不去理會那些不知所措的評審，站出來說：「各位，我認爲這樣就夠了。」

卡拉揚把施密特這番話當成是稱讚，他也意外獲得了「合格」的成績。之所以能夠讓被評爲當代「最完美音樂家」的施密特對卡拉揚舉雙手投降，並不是因爲卡拉揚氣勢比較強，或是他的努力終於被看見等老套的原因，而是他主動走向那個被稱爲完美音樂家的人身邊，說服對方理解何謂最完美的指揮。卡拉揚想讓他知道，對最完美的指揮家來說，彆腳的作曲能力與音樂史知識一點也不重要，比起那些笨拙且不知該如何面對管弦樂團，只會讓樂手隨便演奏的業餘學生，最完美的指揮應該是要仔細地從小號開始慢慢調整。施密特承認，這個不斷探尋指揮家本質的孩子，親手打破了大學的傳統規範。

關於這起事件，我們應該要參考一下一九六〇年代芝加哥大學的雅各．蓋哲與國際知名心理學家米哈里．契克森米哈伊所做的創意研究。研究團隊給主修藝術的學生一個主題叫靜物畫，並將繪製該主題的學生分成兩群。其中一群只是簡單看一下物體後立刻開始繪製，這群學生很快開始思考「該怎麼做才能把這張畫畫好」；另一群學生則是讓他們仔細觀察、觸摸物品，或是花費很多時間以不同角度擺放物品。這群學生想的則是「要怎麼畫成品才會最完整」，他們更專注在想要把畫本身呈現得更完整。

實驗結束後，米哈里發現一件驚人的事，那就是跟被動接受他人下達的指令，立刻開始畫圖並拿到較高分數的學生相比，那些努力用更有意義的方式去把圖畫出來的學生，在藝術專家的盲測結果中反而被評爲較有創意。

米哈里沒有必要爲了這個研究結果去看學生的成績單，他一開始也沒有用成績爲學生排名。米哈里想確認的事情，是「用更有意義的方式接觸自己的專業領域，是否真能讓學生變得更加優秀」。與其去計較這位學生過去的成績高低，不如看看他是否專注於在個人專業領域尋找更明確的目標與意義，以及這個行爲所帶來的影響。這個研究後來成為一份長期調查，十年後有了一個驚人的結果：不去看實力高低，那些在當下努力創作出優秀作品的學生，十年後都在該藝術領域獲得成功。那卡拉揚的成果是否也跟米哈里的研究結果一樣？

這是當然的。若一個孩子在自己專精的領域做著偉大的夢，那無論他的實力好壞，都能慢慢地靠近夢想。卡拉揚最後的發展，證明了施密特的判斷無誤，他從大學畢業之後，並沒有像個傻子一樣往交響樂團跑。一般業餘的交響樂團會在彩排三次後，帶著滿意的神情走上舞臺，但卡拉揚帶領的交響樂團卻是必須要經過超過六十次以上的完整演奏練習，才能夠登上卡拉揚指揮的舞臺。卡拉揚不是那種只要交響樂團演奏出像樣音色就好的人，他也沒有帶著差不多就好的心態取得大學畢業證書。當樂手吹奏出生澀的樂音時，他會毫不妥協地去找小號手批評對方根本沒有節奏感，他認為這是一位偉大指揮家所需具備的本質。

讓我們再繼續看看他對這個本質所做出的努力。準確來說，卡拉揚在烏爾姆劇院一天指揮十八個小時。這些大多從事苦力、身為社會底層人士的交響樂團團員，要是遇上一天十八小時、超有意義的嚴格練習會發生什麼事？他們遇見最了解問題答案的人，而這個人也大大影響了他們的精神。經過六星期的激烈練習，實力更上一層樓的團員們，在演奏歌劇《費加洛婚禮》時，讓原本不抱任何期待的觀眾帶著難以置信的神情起立鼓掌。而更令人感到不可思議的是這群卡拉揚帶領的演奏者，有生以來第一次意識到自己眞的有音樂才能。

「我們的身體就像碰到電塔，有四萬伏特的電流流過一樣。」演奏者形容自己就像是碰觸高壓電塔的倖存者那樣，回想卡拉揚來到他們身邊的時刻。哲學家奧斯本指出讓演奏者感動的，並不是卡拉揚那分毫不差，拍子如幾何學般精準的指揮技巧，而是「指揮棒那巨大的一擊，使得他們終於找回充滿活力的自己」。特別的不是卡拉揚，而是卡拉揚帶這些演奏者一起看見小屋裡的「野牛」。遮蔽一切，發現何謂才是眞正重要事物的孩子，會用自己的本質去碰觸最重要的事物，並散發出最耀眼的光芒。說到這裡，我們只能再一次對過去曾經低於平均，後來卻躍居成爲全球頂尖哈佛明星的季辛吉點頭稱是。

書是用讀的嗎？讀書的眞正價值是什麼？我們必須從這個問題中找到最重要的事物。我們每個人都會建造起一棟小屋，並在其中想像野牛的能力，只是不去做罷了。我們應該要像季辛吉這樣，建造一棟遮蔽環境信號的小屋、像卡拉揚這樣，在周遭都希望他謹守本分當一位科學家時，反而拿起指揮棒。問題不在於你的分數大概是多少、來自哪裡、至今做了多少努力，而是如果你心中一直都沒有最重視的事物，那麼平凡的信號就會使現在的我們平凡，未來也會繼續平凡下去，一如既往。

若想擺脫平凡，那麼我們也必須去找教師，並且重新回到小屋裡。對你來說，最重要的是什麼？

最好的環境創造最好的人才？

一八九三年，指揮家克萊門斯·克勞斯出生在奧地利維也納的名門世家，他遺傳了父親英俊挺拔的外貌，不用像卡拉揚那樣爲了夢想苦苦掙扎，占盡了世上的所有便宜；也不像季辛吉那樣，每天一睜開眼就有一對猶太父母擔憂地盯著自己。他父親是來自維也納富裕銀行家族的貴族，母親則是看出他的音樂天賦，並能全力支持他發展個人長才的演員，爺爺是能夠讓他視野更加廣闊的外交官。華麗的家庭環境、身處富裕的上流社會，讓這孩子能盡情嶄露他的才能。

克勞斯的才能非常亮眼，八歲時，他的聲音像光滑的絲綢，而在全球享負盛名的維也納少年合唱團當然沒有錯過他。他加入維也納少年合唱團，開始接受音樂的全方位訓練。了解何謂藝術眞正價値的父母，並沒有強迫孩子去當名科學家，這樣尊重孩子的行爲使他最終成爲一位指揮家。

這是才能與環境信號最融洽、最正向的案例，他也以極快的速度在指揮的世界裡成長。一九一二年從音樂學院畢業，剛滿二十歲的克勞斯便獲得歌劇院的合唱團指揮工作，沒有阻擋他發展的指揮界元老，在克勞斯這個姓氏面前，所有障礙物都被清理得乾乾淨淨。

而且擁有最神乎其技的管弦樂技巧，在交響詩領域創下史上最偉大功績的大師李察·史特勞斯也表示想跟克勞斯交朋友，兩人很快成爲彼此在音樂上的導師，展開強烈的拉鋸。當時史特勞斯創下豐功偉業，而究竟有誰能完美指揮他的作品？最後克勞斯展現他人望塵莫及的理解力贏得了這場比賽。史特勞斯曾經表示：「克勞斯指揮的演奏，超越了我放在音樂裡的一切。」

克勞斯的成功曲線十分完美，大約在一九二〇年時，他就如專家所說的「一九二〇年代將會是年輕的克勞斯稱霸世界」一樣享譽全球。

一九二二年，年僅二十九歲的克勞斯成爲知名樂團維也納國立歌劇院的指揮，同時也獲聘爲大學教授。克勞斯曾經以輕鬆的心情指揮維也納愛樂樂團的新年音樂會，而卡拉揚一直到死前兩年，也就是一九八七年才受邀參加這場音樂會。卡拉揚受邀時就像是在回應這次邀請一樣，於音樂會史上首次邀請黑人女高音凱瑟琳·巴特爾共同演出。即使就住在維也納旁邊、即使成爲全球頂尖的指揮家，仍然被維也納愛樂樂團拒於門外的卡拉揚，在受邀擔任指揮的同時，也邀請了另一位同樣受到歧視的黑人女高音演出，旨在希望能讓世人看看她能夠創造出多麼美妙的歌聲。這次演出大獲成功，總是服膺權勢的古典樂壇，只能在卡拉揚與黑人女高音的攜手下俯首稱臣，但這又代表什麼意義？

克勞斯的成功曲線向上攀升，彷彿像在嘲笑他們的自卑。不過就在剛過一九二〇年不久，克勞斯卻經歷了一段遭逢挫折的時期。雖然他一直能帶來不錯的演出，但卻不像過去那麼受到矚目，他沒有東山再起，生涯的最後也僅只在史特勞斯的自傳中時不時登場，沒有再留下任何功績。

克勞斯的結局令人困惑，對吧？當然，每個人的才能曲線都會隨著時間而漸漸走下坡，最後戛然而止，但曾經被認爲是最有機會成爲全球頂尖指揮家的克勞斯，爲什麼跌破眾人的眼鏡，在中途停止成長？

若要回答這個問題，我們必須再一次回到卡拉揚的烏爾姆劇院。當克勞斯在接受世界級指揮家提供的頂級教育時，卡拉揚正在向名聲與實力都無法與之相比的維也納愛樂樂團雙簧管演奏者學習，而這就像一位藝術學博士所說的一樣，是一種接近「自主學習」的學習方式。而且卡拉揚必須要找工作養活自己，迪德里希就是因爲這樣所以才錄用他。卡拉揚在那裡浪費了二十到三十歲這之間的時光，結果究竟如何？一位記者曾經問卡拉揚：「回想你的經歷，我眞的很好奇你在那沒有實力的交響樂團中是怎麼撐過來的？跟非一流的交響樂團合作，在培養指揮家能力上究竟有什麼幫助？」

「跟不優秀的交響樂團一起工作是個很好的課題，只要能夠忍受沒有實力的交響樂團，就已經是很有價值的事情了。即便是最頂尖的交響樂團，但他們還是會在同樣的地方犯錯，我在那裡經歷了很多事情。其實無論指揮家本身的才能多麼優秀，在面對最好的交響樂團時也可能束手無策。」

眞有趣。卡拉揚認爲最好的環境雖然能讓他的才能發光發熱，但那卻也是最危險的地方。那些沒有經歷過底層生活的指揮家，反而不了解何謂根本的缺乏，也完全不知道究竟該如何改善這些問題。那究竟該怎麼辦？面對一個音色符合平均水準，實力不算太差的交響樂團，大多數的指揮家很快會感到滿足，但卡拉揚卻很明確地表示：「這樣的指揮家在和有一定實力的交響樂團，或是相當優秀的交響樂團一起演奏時，雖然還是可以展現出色的實力，但在和頂尖的交響樂團一起表演時，卻看起來綁手綁腳的，這種情況就像是一種詛咒。」

怎麼會說是詛咒？因爲卡拉揚認爲一個有才能的人，若要成爲眞正的頂尖人士，必須要了解最底層的狀況。優秀的交響樂團若想讓自己的演奏能夠完整呈現三餐難以溫飽的故事深度，那就必須親身體驗過這樣的狀況。

「如果希望你的指揮能顧及所有情況，那你必須累積十至十五年的經歷。人們可能會對突然獲得巨大成功的人賦予過多期待，因爲一般人不曾經歷突如其來的成功，那就像是一種奇蹟。克勞斯雖然曾經指揮許多演奏會，但很快遭遇亂流，接著他開始只能帶來還算可以的演出，這樣一來人們會漸漸對他失望。」

克勞斯成爲一位普通的指揮家並不是偶然，如果他持續待在最好的環境裡，那麼環境會反過來絆住他的腳。一旦那些向自己發射的正面信號消失，曲線就會以極快的速度下降，而這時候福特萬格勒也正好在克勞斯的成功曲線上登場。福特萬格勒將克勞斯當成新的目標，開始對他發動攻擊：「克勞斯的水準不光只是『不像話』，如果把他冷靜的老練與專家喜歡的技巧拿掉，那麼他就成了一個沒什麼可看性的人。他沒有半點魄力與溫暖，從這點來看，克勞斯不可能成爲眞正的德國藝術家。」

跟卡拉揚承受的相比，這樣的攻擊已經算是非常輕微，但克勞斯還是對這樣的批評感到十分慌張，無法再像以前那樣充滿自信地握住指揮棒。若無法遮蔽衝著自己而來的負面信號，那麼慌張就會成爲最致命的弱點，而這些自己從未發現的弱點，就會如雪球般越滾越大。

相對的，年輕的卡拉揚早早經歷過各種不幸，從小就懂得如何遮蔽這些信號，獨自讓黑鑽發光，一天花上十八個小時練習等行爲，都是讓他被稱爲「超人指揮家」的條件，他的座右銘是：「我的時代將會來臨，我可以等。」

他究竟等了多久？一直到了一九四〇年，卡拉揚才終於得以同時擔任指揮與總監的職位。手握指揮棒的人竟能夠不只是擔任指揮，更成為掌控整個舞臺的總監，這絕不是出自於虛榮心或對權力的渴望，而是他嘗試呈現德國作曲家華格納主張的「理想的綜合藝術」。總監所創造的不是音樂劇，而是將整齣戲劇音樂化，卡拉揚一直以來夢想的就是這個美好的時刻。讓我們一起走進卡拉揚夢想的空間。

卡拉揚將女高音瑪麗亞．卡拉絲整個人圍起來，讓卡拉絲獨自待在黑色的空間中，接受一盞追蹤燈的集中照明，並讓她在這樣的環境下演出歌劇《拉美莫爾的露琪亞》當中「露琪亞發瘋」的場景。

那廣大的音樂廳中，觀眾只能看見卡拉揚快速揮舞的手，以及露琪亞癲狂的表情，除此之外，沒有別的事物。見證了這一幕演出的知名歌劇導演法蘭柯．賽佛瑞里感嘆：「卡拉揚讓卡拉絲『只能完全專注在音樂上』。」

要怎麼做才能在一個領域當中達到趨近完美的呈現？卡拉揚一直在尋找這個問題的答案。雖然他在中年時才有機會伸出歷盡風霜的手，但表情卻和六歲那年拉下控制桿時差不多。如同他難以忘記拉下水力渦輪機控制桿，讓整個城市瞬間明亮起來的經驗，他也用看似平凡的舉動，讓露琪亞在一片黑暗中接受燈光的照明、在他的手勢指揮下漸失理智，藉此說明何謂「綜合藝術」，並讓人們將這樣的感動深刻地留在心中。

這是只靠才能和社會支持無法達到的境界，只有在無數的挫折與社會的懷疑目光之下，不斷尋找何謂真正重要的事物，堅持到最後終於找到答案的人，才能夠創造出的深刻共鳴。

他的嘴巴所吟唱出的每一句歌詞、他腦海中的每一句樂章，都深深地感動專家，這已經超越才能的展現，而是以才能服人，但要達到這個境界的過程有多麼辛苦？卡拉揚的傳記作家依據占星術提出這樣的主張：「卡拉揚的個性很挑剔，通往頂尖之路充滿重重險阻。」他不像克勞斯那樣未來毫無任何阻礙，在每個人都支持自己的情況下優雅地向前走，而是在所有人都懷疑自己的地方，獨自咬著牙一步一步向前，那條路可說是布滿了他的淚水。

而實現這一切之後，在面對詢問他感想的媒體時，卡拉揚意外地看起來像是個對過去充滿遺憾的老人。與他進行長時間對話的奧斯本記錄著：「向上爬的路是一條充滿荊棘的險路，也證明了這是一條很長的路，這始終讓我感到怨恨。」

曾經有一位記者要求全世界最優秀次女高音克里絲塔·路德維希，評論她人生中曾遇過的音樂家：

記者：「克倫佩勒怎麼樣？」

歌手：「他非常冷靜。」

記者：「那貝姆呢？」

歌手：「他很聰明。」
記者：「蕭提呢？」
歌手：「（停頓了一下）他很有匈牙利人的風格。」
記者：「伯恩斯坦呢？」
歌手：「他很歡樂、充滿活力。」
記者：「卡拉揚呢？」
歌手：「他是神。」

克勞斯雖擁有能成爲二十世紀最偉大指揮家的環境與條件，但卻從來沒聽過這樣的讚美。他最後成爲一位普通的指揮家，是最好的環境造就最佳人才的反證。

卡拉揚的種子

寫到這裡，我希望有幾個人能夠出來質疑我們所探究的卡拉揚成功故事。當然，他的故事中雖然隱藏了許多教訓，但卡拉揚的確有著音樂方面的才能，而我們之中的大多數人都認爲自己雖然能享受音樂，卻不如他那般有潛力。但卡拉揚所擁有的才能，眞的需要這樣幾經波折才能迎接最耀眼的時刻嗎？

全世界的學者都認爲，每一萬個人當中，只有一個擁有能成爲卡拉揚的絕對音感，這是一種十分特殊的才能，如果是非常熟悉絕對節拍的爵士音樂人，那麼他的現場演出與CD錄音的版本只會有僅僅五%的誤差。心理學家曾經以史丹佛大學的學生爲對象，調查這個機率比哈佛大學錄取率還低的才能，最後發現四十六人當中只有兩個人擁有這項天賦。既然如此，卡拉揚的境遇還是能夠帶給我們關於才能的啟示嗎？

國際知名神經科學家丹尼爾·列維廷曾發表一份研究，結果與大多數人所抱持的合理懷疑截然不同。讓我們重新關注這個機率只有一萬分之一，必須捨棄九千九百九十九人才能找到一人的才能。

其實若以神經細胞爲單位來看，我們可以發現其實每個人都擁有絕對音感。研究發現只要是人類能聽到的音域，每個人在神經學上都能對相應的聲音做出反應，那爲什麼大多數人會認爲自己沒有這項才能？

列維廷透過相當精密的實驗，測試人在所有聲音學上的才能，發現這項必須淘汰掉九千九百九十九人的才能，其實是社會環境或是當事者本人放棄了「好好培養個人音樂才能」的機會，僅此而已。當我們頒發只有一萬分之一的機率才能獲得的合格證書給少數人，並集中向他們發射優越的信號時，其實也是在滅掉自己的光芒，讓自己黯淡無光，好將他們襯托得更加耀眼。這樣一來，他們比其他人出色的信號就會更加強烈，這就是列維廷所發現的「一萬分之一的祕密」。在接受天賦異稟這句話時，我們究竟抹煞了自己多少才能？

重新創造信號吧！音樂學者不斷在「非音樂專家」身上發現獨特的才能。當我們接受專家所說「全世界的音樂家都擁有絕對的節拍感，每一位音樂家對節拍的感受與實際的節拍差異不到五％」時，列維廷卻觀察到普通人在每天接受大衆音樂的薰陶之下，也能在節拍上展現出一定的能力。他以認爲即使每天聽同一首歌，也無法培養出任何才能的一般人爲對象，測試對該首歌曲的節拍準確度，結果驚人地發現這些人所感受到的節拍，與歌曲實際節拍的差異僅僅只有八％。這個研究結果告訴我們，國際知名音樂家與一般人的差異其實很簡單，就是音樂家花更多時間聽更多的歌，試著讓自己配合專家的信號不斷進步。

列維廷一連串研究中最令人感到意外的，就是打破了我們認爲只有少數菁英才能擁有特定才能的神話。當然，他們是萬中選一，而且具有誤差不到五％的專業度，所以那又怎麼樣？我們發現，只要其他的九千九百九十九人所接收到的信號不被汙染，那我們就能夠在他們的心中播下更有意義的種子。

那麼現在，來爲那被淘汰的四十四位史丹佛大學學生平反吧！雖然他們各自相信自己在數學、科學、邏輯思考等領域擁有萬中選一的天賦，但卻認爲自己在音樂方面沒有任何才能，讓我們重新在他們的心中播下卡拉揚的種子。

音樂學家卡洛斯．阿布里進行了一項研究，研究對象是認爲自己在語言、數學、社會、科學、科技等領域都很有才能，但在調查時很快把音樂才能劃掉的準小學教師。雖然這些學生都認爲自己是菁英，但卻覺得自己的音樂才能不值得一提。在成爲小學教師之後，開始向孩子們散播關於音樂的謬誤，而阿布里靜靜觀察著這個情況，一位準教師對阿布里說：「我知道我有絕對音感，剛才你也讓我看到自己有這項才能，但又怎麼樣？從小就聽人說我不懂音樂，而這些話長期以來一直深植在我心中。我能夠發出聲音，也能夠說話，可以跟人好好溝通，但就只是……在音樂方面沒有才能罷了。」

那麼身爲一位教師，她是如何教導學生學習音樂？

「我也不清楚，讓他們在教室裡多唱歌，不去評論他們唱得好還是壞，不知道會不會有幫助。」

不做任何評論會有幫助嗎？她這種作法確實是承認自己的失敗。在數學與科學方面比任何人都優秀的她，唯有在音樂上未曾接收到表現不錯的信號，於是她便將這項才能藏了起來。

阿布里開始研究更多準教師，讓我們來聽聽下面這段對話：

「除了音樂之外，我所有科目都拿到A，我的音樂糟到能讓我的平均成績拿不到

A。接受音樂才能相關的評價，只會讓我感到害怕，所以音樂是我無論怎麼努力都無法獲得好成績的領域。」

無論怎麼努力都無法獲得好成績？阿布里如此記錄這位準教師被剝奪音樂才能的過程：「最重要的是，她判斷自己在音樂方面完全沒有任何才能。而且這個判斷最早是在教室裡面，由教師對她的音樂才能所做出的評價，後來這個評價造成的影響越來越嚴重，使得她與音樂脫節。」

阿布里研究中有些荒唐的地方是，像史丹佛大學學生這樣在所有領域都很有優越感、成就感的人，之所以會認爲自己在音樂方面一點才能也沒有，最主要的契機是因爲他們在教室裡從未獲得與音樂相關的正面評價。

他們接收到自己沒有音樂才能的信號，所以更不會去碰音樂。如果他們接收到的不是沒有音樂才能，而是沒有數學、科學才能的信號，那事情會如何發展？

在阿布里的追蹤研究當中，最令人印象深刻的是一位五十多歲的女性準教師。因爲已經有了一定的年紀，所以這位女性十分堅信自己在生活中接收到的信號，而她也避開了所有跟音樂有關的課程，甚至要求指導教授准許她可以不必上音樂課，不過最後還是必須跨過這個「最大的障礙」。

在所有研究對象當中，阿布里唯獨沒有詢問這位女性的年齡，所有觀念如同臉上的皺紋那般不可動搖的她，在面對音樂的信號時，感覺就像面對一堵巨大的高牆。阿布里觀察到，在輪到她唱歌的時候，她脖子上就會冒出紅疹，音樂課時她的眼睛也總是看著地板。

「我沒有音樂方面的才能，所以非常害怕唱歌。」

雖然她後來還是考取了教師資格，但音樂仍是她無法克服的事。

阿布里問她是什麼時候第一次接收到這種負面的信號，她便清楚地回憶起四十年前在教室裡接收到的負面音樂信號。每一個科目她都獲得了優雅的分數，正面信號也不斷增強，但唯有音樂在某一瞬間脫離常軌，每當測試音樂才能時，她脖子上的紅疹就會變得更明顯。

我們能夠摧毀持續了四十年的信號嗎？阿布里開始在她堅硬如水泥的信仰上頭，種下絕對音感與絕對節拍的種子。她這四十年來都無法放棄對教師這個職業的渴望，這比她數十年來所接受的負面信號更加強大，這樣的渴望也創造出全新的成功曲線。幾週之後，阿布里悄悄到教室拜訪，意外地發現她竟在教學生音樂。

「雖然站在教室裡的時候，我全身顫抖、感到害怕，但我想起當時你說的話。你成了我的榜樣，甚至拿了節拍器到我面前，證明我也有音樂方面的才能。你並不只是爲了讓我心情好才說我有音樂才能，這對我來說是一個新的信號。」

過了四十年才改變的信號效果如何？從此以後，她在面對音樂時，脖子上再也不會出現紅疹了。

「當我遇到必須要教音樂的時刻，我發現其實自己做得到。」

將平凡的才能變頂尖的方法

現在卡拉揚又再次讓我們看見，很多事情其實可以依照我們已經確定的公式發展。我們要先從圭多．康泰利談起。

圭多．康泰利是來自義大利的知名音樂菁英，有著濃濃的眉眼與深邃的眼神，在學生時期就已經展現他的才能。

被選為二十世紀最偉大古典音樂指揮家的托斯卡尼尼在看到他時，便已經想到康泰利能夠補上NBC交響樂團懸空的指揮之位。康泰利的指揮才能輕易說服交響樂團的所有人，團員也都已經準備好將自己的才能交付到他的手上。看著這整個過程的托斯卡尼尼，以興奮的表情欽點他為自己的接班人，就像是哈佛教授找到最優秀的學生一樣，他的興奮化作顫抖的語調：「發現康泰利這樣的寶石，又能夠讓他站上國際級的NBC交響樂團擔任指揮，真的讓我很開心。綜觀我這輩子的經歷，真是第一次看見有這種獨特才能的年輕人，未來世人會發現他將獲得前無古人後無來者的成功。」

不過托斯卡尼尼並沒有看見康泰利身上的死亡陰影。康泰利搭乘的班機發生墜機事故，使得他在三十九歲時就英年早逝，其命運就這麼劃下句點，二十世紀發展最無可限量的寶石，就這麼跟著飛機一起殞落。

他的才能就這麼消逝令音樂界悲痛萬分，更因此舉辦一場以他為名的競賽，就在這個尋找下一位康泰利的比賽上，眾人發現一位短髮且和藹可親的女性表現地相當生澀。評審委員就像在看個子雖矮但卻不斷揮大棒的佩德羅亞一樣，帶著不自在的表情看著這位女性像在搔癢似地揮舞著指揮棒。

她雖然注意到評審委員尷尬的視線，但卻堅持指揮到最後，並且認為自己的才能十分出眾，但看在評審眼裡，實在無法想像這樣一位女性，能好好掌控由十幾名男性組成的交響樂團，這就像是教師在數學教室裡，告訴你歷代數學家全都是男性，女性無法成功一樣。最後結束時她的指揮棒微微顫抖，而評審委員則皺著眉告訴她該從哪裡離場。

社會信號總是告訴我們正確的路在何方，告訴我們有才能的學生會獲得資格進入更好的學校，並提醒我們所有才能在努力這句話面前都是平等的。所以當她的指揮棒出現細微的顫抖時，一般人會認為這是她還不夠努力、不夠有才能的證明。但我們在進入遮蔽這種社會信號的空間之後，就能發現佩德羅亞重新站起來拍掉身上的紅土、季辛吉征服了美國最高學府哈佛、康威重生為全球最頂尖的數學家，還有像傑克・霍納這種迷人的學者出現在世界上，這也同時讓我們再一次確定，史提勒研究中提到社會信號，確實能像保齡球一樣將我們的才能擊垮。

只有像康泰利這樣，優雅的成功曲線因死亡戛然而止才是最可惜的嗎？在追思的空間裡，我們可以再一次地看見自己體內的才能早已靜靜死去。在社會信號發現黑鑽時，我們所看見的其實是像切爾西那樣的一條死路。有趣的是，就像為科學寫下新歷史的法拉第一樣，我們內心其實也藏有擊垮那座高牆的意志力，讓我們一起來開啟這樣的可能性吧！

這名短髮女孩名叫希薇亞・卡杜芙，她仍相信自己是顆閃閃發亮的黑鑽。希薇亞從小就認為指揮是她可以傾注一生的領域，即便世上首屈一指的指揮家，就像頂尖的數學家一樣都是男性，但這對她來說也一點都不重要，她的房間裡貼著跟那些黑鑽一樣的指揮家海報。

現實社會的信號投向她，托斯卡尼尼並沒有找上希薇亞，更沒有人從小培養她成為指揮家。在她母親眼中，希薇雅的音樂才能十分普通，同時也認為她最適合的工作就是成為小學音樂教師。她成長的地方是幾乎沒有出過任何知名指揮家的瑞士山區，當希薇亞跟著小學生一起唱音樂課本上的歌曲時，她切身體會到才能被貶低的現實。不過佩德羅亞的球棒並不只屬於佩德羅亞，希薇亞想起了讓她能夠傾注一生的指揮事業，這樣的信念就像卡拉揚心中的野牛一樣，希薇亞遮蔽一切信號，重新拾起指揮棒。

雖然全世界沒有任何一位出名的女性指揮家，但只要我們能夠遮蔽這種社會信號，全心全意尋找屬於自己的黑鑽，就能學到其中的改變：完美的遮蔽能成就完美的才能。

當希薇亞像佩德羅亞站上打擊區那樣，站上殘酷的指揮臺時，卡拉揚也出現在同一個地方，雖然兩人可能只是擦身而過，但卡拉揚發現希薇亞緊抓不放的那頭野牛。

比起那些可能平緩地畫出成功曲線的人，更令人害怕的是緊抓著一頭野牛，一有機會就能讓自己的成功曲線瞬間飆升的人。希薇亞問卡拉揚，像她這樣的女性指揮得如何？卡拉揚就像一位原住民在驅趕穿著白袍科學家一樣，回擊隱含在這番話中對才能的偏見：「如果妳有才能的話，爲什麼不好好發揮呢？」

接著卡拉揚下了結論：「如果妳有才能，我們會將妳當成榜樣。」

遇見希薇亞的時候，獲得「至今爲止，沒有任何一個人在三十歲時獲得跟他一樣的成功，並獲得世人的高度讚賞」這種讚美的卡拉揚正處在生涯的顚峰。現在我們可以對卡拉揚所說的話提出質疑。

爲什麼一個人成功的可能性，只能用他的偉大來評價？卡拉揚的種子可以在任何人心中扎根、成長，讓我們來確認那種子是否眞能散播出去。

希薇亞花費三年的時間透過卡拉揚成長，但她的旅程並不像華爾街裡怯懦的切爾西那樣。她不只是老套地「認眞做事、想好好學習」，而是像在小屋裡遇見野牛那樣，用盡全力吸收卡拉揚的一切。

這段艱困旅程所留下的痕跡，就是讓一位曾經平凡的女性，成爲在國際頂尖指揮大賽贏得優勝的指揮家。根本不需要一萬小時的法則，才過了三年她就已經成長爲國際級的指揮家。

獲得優勝獎盃的她進入愛樂交響樂團任職，當時正好是英國指揮家湯瑪士·畢勒表明絕對不會讓任何一位女性進入交響樂團的時期。

試著想像偷偷邀請希薇亞這樣一位女性指揮家來到畢勒面前的那天，一位短髮又和藹可親的女性，眞的能夠強壓數十名演奏家的強大才能，激發出他們所有的潛力嗎？這也是畢勒的疑問。畢勒總會創造負面信號，並將信號發射給女性團員，接收到信號的團員會帶著抱歉的表情消失。這成了一個惡性循環，使得畢勒開始相信必須將女性趕出交響樂領域。一位評論家以有趣的方式，將畢勒一直以來累積的信號終於崩塌的狀況記錄下來：「看到自己的交響樂團，竟然被一位名叫希薇亞的女性用指揮棒給攏絡時，畢勒感到十分驚訝。」我們緊接著能在同一位評論家的文字當中，發現全新且具有意義的信號：「幾分鐘之後，畢勒卻因爲希薇亞的指揮出乎他意料的完美而感到驚訝。」那天，看著這幅光景的一位新聞記者，在隔天刊出了這樣一篇報導：「二十九歲的希薇亞・卡杜芙是全世界第一位完美帶領交響樂團的女性，她展現出熱情、生動以及完美的節奏感，將世界踩在自己的腳下，完全征服了世界。」

在瑞士山區的小學音樂教室裡，究竟發生了什麼事？她帶著最重要的野牛離開那間學校，徹底遮蔽來自父母與社會的信號，並且像黑鑽一樣，創造出朝著重要事物前進的全新成功曲線。就像我們看到的一樣，讓平凡才能脫胎換骨邁向顛峰的方法，就是徹底遮蔽不必要的信號，專注尋找心中最強烈的信號。

只有康泰利和托斯卡尼尼這種精心打磨的原石所散發出的光芒，才是我們該關注的嗎？現在我們能夠找到這個問題的正確答案。當社會只想凸顯屬於他們的才能時，我們必須遮蔽這樣的信號，尋找屬於我們的黑鑽。

你想做什麼？在回答這個問題的時候，我們不能讓自己變成大四下學期排隊走進華爾街的哈佛學生，而是要帶著屬於自己的黑鑽，遮蔽社會信號，並成就超越努力的時刻。

接下來我們將透過第二章的內容，堂堂正正地粉碎「對才能的刻板印象」，見證平凡人生命中如奇蹟般的瞬間。平凡人是否能夠到達世界頂尖學者的境界？這種學識的大幅進步是否只存在於想像當中？粉碎對才能的刻板印象，找出更有意義的目標並孤注一擲時，可以在我們的大腦中觀察到什麼現象，以及努力和天賦是否眞能決定一個人的成功，這些都是我們將在第二章中要探究的。

縱使我們強調努力之於個人成功的重要性，但卻始終錯過最重要的事物時，也是無用的。現在該是好好確認何謂重要事物的時刻了。

Chapter 2

深入理解的力量

1 創新發明的祕密

——對一個領域的「深度理解」，必須是我們的主要目標。

十萬年法則

一七六六年，有一名孩子誕生在英國一個中產家庭，國際知名哲學家大衛．休謨與盧梭爲了道賀而親自拜訪這戶人家，這些偉大的思想家依序親吻這孩子的腳背，後來一位嫉妒他的才能的經濟學家記錄下：「或許他們就是透過這種親吻的行爲，將許多智慧分享給這名新生兒。」

這孩子依著衆人的期待，長大後成爲全球知名經濟學者，甚至左右人類整體的未來，他是一位菁英。

回顧人類過去十萬年的歷史，他觀察到人類有一個習慣，那就是總會生下比糧食數量更多的子孫。這個問題出在大多數無法躋身菁英行列的普通人身上，若人口以一、二、四、八、十六、三十二……的方式倍數成長，那麼糧食就是以一、二、三、四、

五、六、七、八……的方式定量成長。這些出生在避孕工具尚未被創造出來的年代、在沒有人能負起教養責任的環境下長大的孩子，爲人類未來蒙上一層陰影。於是英國政治經濟學家托馬斯．羅伯特．馬爾薩斯發現，除了少數菁英階層之外，人口必須受到適當的控制：「不要去勸一無所有的人保持乾淨，而是必須讓他們保持相反的習慣。要讓貧民區的街道更窄，讓他們全部聚集在同一個地方，讓傳染病更容易在裡面擴散。」

由於地球資源有限，爲了防止人口繼續增加，他建議必須透過提高低端人口死亡率的方式來控制人數。馬爾薩斯匿名發表這個理論，而這個論點也被政治掌權者理性接受。受到其理論感召的英國首相修訂貧民法，徹底消滅貧民可以獲得的福利——沒錢也沒知識的貧民都消失才會對社會有益，因此，社會收起了對他們的正面信號。

我們不能用感性的角度去看馬爾薩斯的理論，因爲過去十萬年的發展確實與他的理論吻合。這個令人印象深刻的論點，是解釋社會在過去十萬年的時間裡，停滯不前的唯一途徑。

但這個理論提出後又過了幾年，在非菁英階層卻發生了一件更奇怪的事。

粉碎法則

學者對當時這個瞬間發生的事件仍沒有一個共識，因此展開兩百多年永無止盡的爭辯。爲什麼世界是由西方主導？曾經掌握世界經濟的東方，如何在兩百年內被西方逆轉？而且主導這次驚人變革的，還是一群來自西北歐邊陲小島——英國的普通人，他們甚至不是菁英，這是怎麼一回事？

如果我在各位的薪水數字最後面多加一個「〇」，你們應該會覺得非常興奮，對吧？因爲薪水整整增加了十倍。而當時社會的總生產量，卻遠超過這個速度地持續攀升——馬爾薩斯的十萬年理論隨即崩潰，全世界的糧食生產量暴增數十倍。歷史學權威保羅．約翰遜用一句話總結馬爾薩斯時代後的工業革命創新：「我們在十五年內創造了工業革命！」

假設各位化身爲學者，重回英國發生工業革命的現場進行調查，會發現在那個創新的時代，找不到一位像史蒂夫．賈伯斯或比爾蓋茲這種驚豔衆人的傑出人才。

你或許想尋找來自像哈佛大學這種知名學校的菁英，但你接著會感到十分驚訝，因爲在當時，知名大學的入學程序十分繁瑣，環境也相對封閉，大多都教一些古典學科，與現實是無法接壤的。約翰遜記錄道：「沒有一所大學鼓勵新發現，牛津和劍橋在工業革命當中並沒有扮演任何角色。」

國際知名大學竟然沒有扮演任何角色？歷史學家雅各．布諾斯基明確地為當時的情況做了個結論：「學校教育反而在『削弱創意精神』方面盡了一份心力。」加州大學戴維斯分校經濟學教授葛瑞里．克拉克則更進一步，用更有意義的方式探討這個問題：「工業革命源自於數千名英國農夫從自己的同行身上以及個人經驗中，領悟到更有效率的耕作方法。雖然其他國家在中世紀時，提供了與英國差不多的誘因與環境條件，但卻沒有發展出這樣的進步。這只在英國發生。」

即便其他國家擁有類似的環境和誘因，但工業革命卻只在英國發生，究竟是為什麼？這個問題十分重要，讓我們用更宏觀的角度來思考。

學者們關注到當時英國出產煤炭，同時也大量地使用它，隨著煤炭枯竭，英國人為了尋找更多煤炭，決定往更深的地底挖，但卻總是因為遇到地下水脈而導致作業中斷。所以，為了將地下水打到地面上來，他們便開發出驅動活塞的裝置，也因此促成了蒸汽火車的發明，進而大大地改變紡織產業，人們成功運用以蒸汽機驅動的機器，製造出比原本多上百倍的服飾布料。那是馬爾薩斯理論崩潰，工業革命露出一線生機的時刻。

那翻轉整個世界的蒸汽機，最初究竟是由誰發明的？令人驚訝的是，這其實是一位勞工花了十年創造出來的作品。他就跟今天遍布於所有工廠的普通勞工一樣，懂的知識不太多，且對科學一竅不通，但他所耗費的十年，卻強大到足以摧毀馬爾薩斯的十萬年法則，這是怎麼辦到的？約翰遜指出，當時是「大學學位、證書、證照」還不那麼重要的時代，無論你是自三流大學畢業還是獨自鑽研科學都無所謂，在當時的人們心中，科學不像現在這樣專屬於在實驗室裡穿著白袍的高知識分子，而是人人都可以嘗試的學問，「我也能做得到」是一個很重要的信號。街上四處皆是自學的知識分子，不受限制地鑽研學問，活塞與蒸汽機在這群人手裡重生，而他們不知道自己正在做的事情被稱為工業革命，更不曉得這將會徹底改變全世界。

不受限制地專注在自己的工作上，花費大量時間，為各個不同層面帶來全新的改變，就連農夫的雙手都能帶動革新。

沒接受過正規教育，來自英國一個礦村的發明家喬治・史蒂文生，在他的人生當中，有十四年的時間都在專注挖礦，後來卻與知名化學家漢弗里・戴維在學術上展開激烈競爭。

戴維臨死之前都還堅信，沒有一張像樣的畢業證書，如彗星一般突然出現並超越自己的史蒂文生，神不知鬼不覺地偷走了他的學術發現。當然，這是因為戴維無法認同史蒂文生卑賤的出身而發展出的幻想。史蒂文生沒有被知名學者的詛咒影響，反而成了帶領工業革命的「鐵道之父」。

知名野外科學家約翰．道耳頓也幾乎是以自學的方式完成學業，他在夜裡獨自學習，熟讀數學、物理與化學，他對自己的學生強調：「你們也辦得到。」他是第一位發表原子論的科學家，同時他所提出的「石油以及原油加熱後所獲得的氣體」報告，則成爲近代石油產業與石化工業的基礎。道耳頓在臨終前說：「沒有所謂的天才，如果有誰創造出被世界關注、認同其價値的成果，那肯定只是因爲他不斷努力追求實用性所造成的結果。」就像花費十多年的時間，終於發明蒸汽機的那位勞工一樣，這是多麼完美的信號？當時一般人如此定義社會崇拜的天才：

一、天才並不存在。

二、只要鍥而不捨地追求一個目標，他肯定能在該領域成爲最偉大的人。

人人都做得到的信號，確實能讓每個人都有可能成功，當時的社會並不像現在這樣，用是否畢業自知名大學這種二分法來將人劃分。路人都能像科學家一樣思考、鑽研學問，而且他們相信只要持續追求唯一目標，就能夠在該領域成爲最偉大的人。

這對相信英雄式科學史，認爲只有知名大學與最耀眼的明星才能推動世界運作的人來說，是非常不舒服的眞相。如果要解釋那些沒有大學畢業證書的人其實才是推動工業革命、創造現代社會的主角，那麼我們應該要從其他地方來證明他們的重要性。先來聽聽美國惠蒂爾大學的歷史與環境研究名譽教授羅伯特．B．馬克斯的解釋：「即便假設蒸汽機與鋼鐵這兩種新的技術，在工業革命中扮演重要的角色，我們還是很難找到證據去證明發明這種機器的人是否爲科學家或曾經受過科學教育。結論是，英國的工業化，其實是好幾個因素碰巧組合在一起所發生的歷史事件。

這只是碰巧發生的歷史事件？更進一步地說，他認爲工業革命其實是幾個人湊在一起所創造出來的現象，而東方之所以在工業革命後被西方超越，是因爲東方沒有煤炭和殖民地。

「沒有煤炭和殖民地的中國，爲了增加每一塊土地的產量，必須對土地投入更多的勞動力和資本，但英國擁有在新大陸發現的龐大資源與國內生產的煤炭，所以能夠擺脫人力的極限。」

馬克斯斬釘截鐵地說：「中國和東方只是因爲沒有『煤炭』和『殖民地』而已。」眞的是這樣嗎？

二．五公分的發現

一七五六年，被認爲是帶動工業革命的工程技術人員約翰．麥克亞當出生，他比英國政治經濟學家托馬斯．羅伯特．馬爾薩斯早幾年出生在這個世界上，他的人生並沒有太過亮眼的成就。四歲時因爲家裡失火，差點被燒死，父親事業失敗遭受打擊，在他年幼時去世，雖然前往充滿機會的美國開始新生活，但美國卻奪走了麥克亞當的所有財產。他沒有什麼好學歷，更沒有像樣的專業知識，這樣的他在將滿三十歲時，於英國從事道路維護修繕工作。當然，當時的道路和現在並不一樣，包括英國在內，都與數千年前無異，而現在的道路其實就是麥克亞當所創造出來的傑作。

與手機每年都會升級、製造方法都會有所創新的現代不同，當時一切都停滯不前，所以馬爾薩斯那個人口必須停滯的法則，聽起來也頗有道理。所有的技術與創新都停滯，那是一個即使過了上百年，也不可能有新 iPhone 出現的時代。

學者們理所當然地接受這個事實，無論怎麼找也找不到像史蒂夫·賈伯斯這樣不斷追求創新的人。所以道路也是，即使過了幾千年仍然只用來讓馬車行走。

生活在這樣的時代當中，各位要移動至工作地點就只能仰賴動物的力量，不過駕駛著馬車在當時的道路上行走，卻必須承受極高的翻覆率，而且不只是車輛翻覆，你還很有可能會被馬踩死，因爲奔馳中的馬會隨時因爲路上的泥水坑而扭到腳進而受到驚嚇，這情況有多誇張呢？

當時一位農學家亞瑟曾測量一條路上的洞有多深，結果發現足足有四英呎深（約一·二公尺）。如果是長距離移動的話，可以預期馬車至少會翻覆一次，而平均下來，通常會翻覆兩次。一位男性表示，在往返紐約與辛辛那提的路途中，馬車整整翻覆了九次。馬車翻覆是很可怕的事情，因爲馬車的玻璃碎片很可能會割斷乘客頸動脈致死，也有不少人是在翻覆瞬間頭部遭受重擊而死。如果馬因爲路上的坑洞，受到驚嚇開始狂奔，乘坐在馬車上的人幾乎就確定送命。

「道路爲什麼會是這個樣子？」只需要維護、修繕道路的麥克亞當，其實根本不需要思考這個問題不是嗎？但這時人們對學者的概念還很模糊，原本是「超級大外行」的商人麥克亞當成了自學的知識分子，開始像個科學家一樣，對道路進行深入調查，他出現在每一次馬車翻覆的現場。

他秉持著超越科學家的固執精神，調查超過四萬八千公里的道路。曾經是「超級大外行」的中年男子，突然說要解決數千年來沒人解決、置之不理的道路問題，實在令人啼笑皆非。完成四萬八千公里這令人印象深刻的調查之後，麥克亞當的確成了這個領域的專家。

爲什麼馬在道路上奔馳時，會因爲石頭而跌倒？爲什麼要花費如天文數字般的維護修繕費用？麥克亞當開始靠著一己之力找出這些問題的答案。

沒有任何道路相關專業知識的他，十年來一直專注探索這個問題的解答，這正是因爲他也很習慣「鍥而不捨地追求一個實用目標」這個社會信號。

令人驚訝的是，他發現鋪在道路表面的沙土只會造成塵土飛揚，無助於減少馬車翻覆，然而多數道路鋪設現場卻只會無止盡地鋪撒沙土。這是個非常驚人的發現，原本只是個道路管理維護員的麥克亞當，甚至動用個人財產來確認自己的理論。他開始把自己當成道路專家來思索問題，最後他得到非常簡單、明確的結果。

在一八一一年議會特別委員會上，麥克亞當就像現在的史蒂夫·賈伯斯一樣，讓整個特別委員會感到激動萬分，他將數萬小時的努力濃縮成一句話：「只要石頭的任何一面超過二·五公分，就不適合用於鋪設道路。」

原來問題出在石頭的大小！根本不需要撒土，更不需要鋪沙子。麥克亞當發現車輪和道路之間的接觸面積長度不超過二·五公分，所以如果輪子壓到比二·五公分更大的石頭，這顆大石頭就會噴出路面或碎裂，進而導致馬車翻覆。

「用又小又碎的石頭鋪成的道路，即使不混入泥土也平坦、堅固且耐用。」這就是麥克亞當研究出的「二·五公分的發現」。各位現在到街上去看看，即便是汽車在街上奔馳的今天，道路仍和兩百年前一樣，而這一切都必須要歸功於麥克亞當。

所以現在鋪柏油路的專業工程用語叫做「麥克亞當工法」，這都是由於一位被稱爲超級大外行的男性像科學家一樣固執不放棄地研究，才成就了令人意外的創新。

因爲有了麥克亞當二·五公分的發現，工業革命才得以沿著順暢的道路延續下去。

但我們卻只想將他的創新，當成是他個人的特殊成就對吧？過去我們總認爲，一個特別的人之所以受到推崇是其來有自，像是在學問上有卓越的成就，或是具備一些與衆不同的能力等等。

但我想要再一次粉碎這樣的想法。

最優秀的菁英無論在哪都能成功嗎？

現在該來好好驗證羅伯特．B．馬克斯的主張了。我們試著依照他的主張，召集全世界最頂尖的菁英。二．五公分的發現難道眞是「偶然」嗎？若想回答這個問題，那我們只需要確認一下當時全世界最頂尖的菁英集團都在做些什麼就好。

哈佛大學是全球首屈一指的大學，創立於一六三六年。當然，改變全世界的麥克亞當並非自哈佛畢業，他雖然人在英國，但也非牛津出身，歷史學家雖承認他的「二．五公分發現」，但卻不去提及他的學歷。

那讓我們來看看全球頂尖的菁英集團。當時全球成績最好的菁英並非來自哈佛，而是來自於法國高等專業學院。爲了進入法國高等專業學院，你的成績必須進入所有學生的前〇．〇五七％。

任誰都看的出來，法國的教育系統完全是「爲打造菁英」而設計，唯有他們才能推動法國社會改變，而法國大企業中有八十四％的員工來自這些只有〇．〇五七％的人才能就讀的高等專業學院。

「英國有牛津，美國有哈佛等長春藤名校，但這些學校的畢業證書都比不上法國高等專業學院。」這番話出自於法國屢獲殊榮的作家彼得．甘貝爾，他畢業於只有前〇．〇五七％的人才能就讀的法國高等專業學院，依照他的主張，法國高等專業學院培養出來的，都是我們要尋找的超級菁英。但諷刺的是，高等專業學院在麥克亞當的時代，培養出法國「道路系統」領域的頂尖菁英集團，卻未在該領域發揮其專長。

就像看麥克亞當的故事一樣，這次我們從高等專業學院最早的歷史開始回顧。法國羅浮宮博物館內展示著高等專業學院第一位領導者，讓羅道夫．貝羅耐的肖像畫，他的學識讓他在那前〇．〇五七％的菁英中發光發熱，甚至足以在羅浮宮中展出。他是最早推動高等專業學院制度的人，他所建造的香榭麗舍大道至今仍是法國的知名景點。他並沒有像麥克亞當那樣，一直到過了三十歲之後才開始研究道路，而是早早進入只有前〇．〇五七％的人才能待的上流社會。法國將所有國家所能授予的學術權威地位，全都給了貝羅耐。

這些道路系統領域的菁英們在富足的環境中，開始研究如何能讓道路更堅固。他們聚在一起討論，最後提出的主張是只要將十五至二十公分大的石頭堆疊在一起，就可以建造起非常堅固的道路基底。讓我們來看看他們所提出的研究結果（圖2-1）。

有看見底部堅硬的柱子嗎？他們認爲這是能夠打造現代道路的標準。

然後再來看看與他們提出的標準背道而馳，以個人調查四萬八千公里道路的經驗爲基礎，主張應該將那些柱子打碎的「無名學者」所提出的圖表（圖2-2）。

法國最優秀的菁英集團所想出的方法，完全不能與原本是英國商人的麥克亞當，在經過四萬八千公里的調查後所提出的想法相提並論。法國菁英獲得王室認可，同時也被瑞典學會接納成爲會員，羅浮宮甚至還展出他們領導人的肖像畫，但又怎麼樣？

究竟是誰發起了道路革命，讓工業革命得以發展的這一點，歷史學家留下了這樣的紀錄：「法國高等專業學院的學者主張，只要蓋好十五到二十公分的基礎，就能夠打造出平坦堅固的道路，不過最後眞正享譽全球的卻是不知從哪蹦出來的麥克亞當，他所提出的二·五公分的發現。」

高等專業學院提出的十五公分，在麥克亞當的二·五公分法則出來之後便被棄如敝屣，全世界的道路開始以麥克亞當的方法鋪設。商人出身、只追求金錢的麥克亞當自然一夜致富，而在他賺進天文數字般的收入之後，也開始有人諷刺他根本是個商人，只是想藉此賺錢。

圖2-1 法國道路系統領域的菁英主張

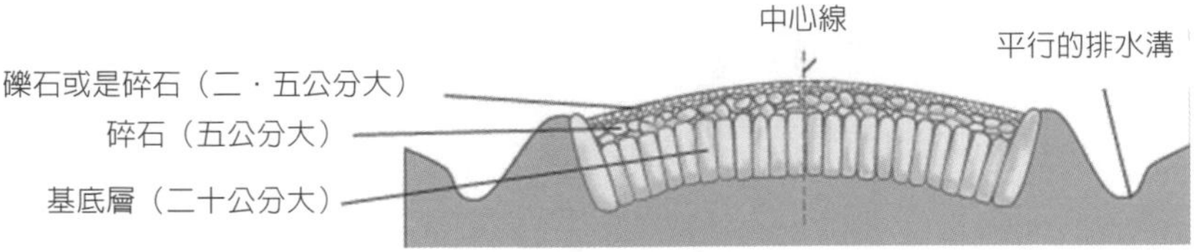

圖2-2 麥克亞當的主張

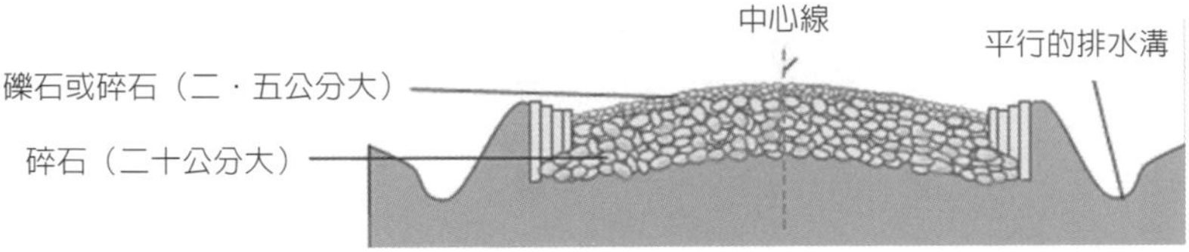

出處：大英百科全書

他的創新很膚淺嗎？如果你認爲學業成績屬於全國前〇．〇五七％，肖像畫在羅浮宮展出的男性菁英精神才是照亮這個世界的指標，那麼我們就不應該再繼續行走在麥克亞當所創造出的高速公路上。

歷史上並不是只有麥克亞當的例子，深入研究工業革命時代的學者，每個人都會對這時代發生的事感到難以置信。

「理查．阿克萊特是位理髮師兼假髮製造商、酒館老闆，他若沒有在一七六八年建立工廠，而是去開一間海鮮店的話，那麼這個世界或許就不會出現前所未有的巨大改變。還有詹姆斯．瓦特，他的父母是沒受過正規教育的施工承包商，如果他沒有在一七六九年發明蒸汽機用的分離冷凝器，而是對宗教產生興趣，轉而成為神職人員的話，我們或許還無法擺脫馬爾薩斯的時代。」

仔細研究這些推動工業革命的人，會發現他們都不是一般傳統認知裡的「菁英」。

他們那五十年的活躍創造了今天的世界，但現代的我們卻期待哈佛學生或頂尖菁英能推動世界創新。我們就像羅伯特．B．馬克斯一樣，認為能夠實現創新的人早就已經被決定好、認為社會上能夠實現創新的人，其實已經用適當的標準被挑選出來，更認為自己無法成為那樣偉大的人。

他們只是個生活在路邊的管理者、是隨處可見的理髮廳老闆、是沒能受過正式教育，甚至比不上就讀職業學校的普通人，而他們並不像老套的故事那樣迫切夢想成功或是擁有聰明絕頂的腦袋。

為了「二．五公分的發現」，麥克亞當老老實實地走了四萬八千公里，瓦特為了挑戰自己未曾製作過的蒸汽機，翻遍了所有他能取得與該主題有關的資料。他們並沒有接收到「自己不行」的信號，而是不受限制、不屈不撓、充滿毅力地追求自己想探索的主題。

兩百多年前，這些被羅伯特．B．馬克斯忽視的非菁英階層人士，認為自己是一位科學家，並且推動了偉大的創新。創新並不是只會出現在哈佛大學或國際知名企業的研究所。許多學者反而批評哈佛與眾多國際知名大學的存在，其實是為了大量培養出

當時諷刺麥克亞當的圖

平庸的菁英，以維持工業革命的偉大創新。

讓我們來聽聽最具影響力的教育家肯・羅賓森如何批評：「十九世紀以前，全球各地都不存在理工教育制度，這是因應工業社會的需求而生的制度，這個數字正爆發性地成長。根據聯合國教科文組織，未來三十年的大學畢業生數字將會超越歷年來的大學畢業生人數。過去只要求學士學位的工作，現在卻開始要求碩士學位，過去要求碩士學位的工作，現在卻開始要求博士學位。這可以說是一種學位的通貨膨脹，從這點來看便可發現，教育制度的結構正在改變，我們看待學問的觀點必須有大幅度的改變。」

為了改變這樣的觀點，我們需要更加深入思考那些規範我們生命的事物。

在哈佛重新思考的事

過去三十年來，進入哈佛大學就讀的壓力已經成長爲最初的三倍。一九八〇年代，大多數的學生都只需要修三個AP（大學學分先修制）科目、三個課外活動就好。但現在的學生卻需要八個AP科目，還必須從事九個課外活動。如果你能修完更多科目的話，那麼考上哈佛的機率就會更高。

專欄作家羅斯．多納在他的著作當中，提到一位考生完成十二項課外活動，並說這是「最典型、最扎實的哈佛志願表」，但也並不代表這樣就一定會考上。據說新生入學事務處的承辦人，總是面無表情地在大多數菁英學生的志願表上，蓋上「不合格」的印章，所以能通過整個入學過程進入哈佛，的確是值得驕傲的事。前面的章節裡我們提到以哈佛大學爲主題寫論文的哈佛四年級生，主張哈佛學生是用自己接收到的正面信號提升個人效能，並運用這一點來讓自己成爲「創新的人」。

獲得全球認同的知名發展心理學家霍華德．嘉納則持反對意見，首先挑戰這個主張。嘉納在哈佛創建了全新的「零計畫」，並花費三十年時間，努力不懈地研究「創新人才」應具備何種特質。他認爲所有學習行爲都必須回歸原點，究竟爲什麼他會提出零計畫呢？

「我們完全不了解智能，所以我才會把這計畫叫做『哈佛零計畫』。」

修完九個科目的學生，比修完三個科目的學生更優秀嗎？而這樣的學生進入哈佛，就能夠被培養成「創新人才」嗎？最好的分數能夠打造出最優秀的學生嗎？若想充分發揮人類的潛力，那該如何教育人類才好？

這些都是橫跨所有時代的重要問題，同時也必須要能夠用來解釋每一個時代的狀況。沒能解開工業革命的謎團，卻要用精準到小數點後幾位的成績來評價當代學生，這樣是否真的正確？若真是這樣，那麼麥克亞當、理查．阿克萊特、史蒂文生、道耳頓等自學的知識分子，又爲何能夠改變世界？更何況他們創造的世界甚至延續至今。

「認爲人類進入工業化時代之後，是由最先進的電腦開創全新時代的人，其實徹底忽略了一件最基本的事。舉例來說，二〇〇一年加州矽谷大停電，就證明電腦需要利用石化燃料生產的龐大電力才有辦法運作。」而龐大的電力源自於工業革命，若這些電力消失，那麼最先進的電腦也會跟著停擺。

同時我們也不能忘記在工業革命的時代，沒有任何一所大學鼓勵學生有任何新發現這件事。歷史學家雅各．布諾斯基當時曾經斷言「學校教育反而在削弱創意精神方面盡了一份心力」，但他爲時代所下的總結中其實隱藏著一個矛盾。這難道是說當時菁英所受的教育，在未來可能會被認爲是愚蠢的嗎？那麼現在我們認爲的頂尖教育，在某個未來也會被認爲是愚蠢的嗎？

嘉納爲了回答這個問題，花費三十年的時間進行「零計畫」，想要從根本去了解所謂學習這件事，讓我們來看看這個計畫：「我調查了數量龐大的研究紀錄，發現即使是就讀哈佛這種知名頂尖大學的優秀學生，也無法完全了解教育課程當中的衆多內容。」

嘉納發現如果離開學校教室，在外面上麻省理工學院物理學系的課程內容，學生會比較容易理解，這也使他第一次意識到上述的事實。在要學生說明丟到空中的銅板會承受哪些力的作用時就能驗證這個理論。有一定數量的學生（有時候是整班一半以上的學生）無法正確回答這些問題，尤其他們說出來的答案，有時候像是「從來沒學過力學的學生或根本只是小朋友等級」，但他們仍認爲自己適合就讀麻省理工學院。

「當然，這些學生在解題或期末考時，確實能有不錯的成績。」但是多數就讀麻省理工學院與約翰霍普金斯大學的學生，都在離開學校後變成什麼都不懂的孩子，再也不會進步。那些完成九個ＡＰ科目，令人印象深刻的學生，很可能會在面對一個簡單的問題時開始遲疑。

嘉納自己也認爲，這是一種非常荒唐且應該受到批評的狀況。「很多人可能認爲這種問題僅限於物理學，但可惜的是，並非如此。」嘉納明確地說。「類似麻省理工學生的問題，廣泛地出現在其他的學術領域。」

實在令人感到不可思議，對吧？嘉納表示：「從根本上來說，我們並不能認定所有知名大學的學生都有好好地接受學校教育。」對我們來說，這些人仍然是菁英。只是就連街頭科學家麥克亞當都能解開的常見問題，這些麻省理工學院的學生卻沒有進展。

那麼究竟什麼是最好的學習？嘉納與他的研究團隊，便以為了進入哈佛等長春藤大學為目標、主張自己已精通許多科目的學生為對象，從基本開始詢問他們與這些科目有關的問題，究竟學生們都學到了什麼？

「在數學科目中，學生遇到的是可以『完全套用運算公式』解出的問題，所以只要背公式再把數字代入就好，但如果不引導他們套用特定公式的話，他們就無法解題，而忘記公式的時候，幾乎沒辦法從頭導出那個公式，因為他們從來沒有完整理解過公式為何而來，公式只是與記憶連結的一句話罷了。」

那歷史、文學、藝術等典型人文學科的教育過程呢？

「在人文學科的教育過程中，學生也很依賴他人給予的劇本或模式。舉例來說，很多五歲小孩的心裡都有一套類似《星際大戰》的劇本，人生是由善惡之間的對抗形成，大多數情況都是善良的一方獲勝。因為很多電影和電視節目，甚至是眞實人生當中的一些事件，都能夠用這套劇本來解釋，但大部分的歷史事實和文學作品其實更為複雜。像是為了了解第一次世界大戰或南北戰爭的原因、想知道納撒尼爾・霍桑或珍・奧斯汀的小說重點，就必須要針對許多變數進行綜合評估，發現其中微妙的差異才有辦法做出總結。學生們在上課時學會以更複雜的方法，解釋這類的歷史、文化事件，但面對全新又陌生的資料，像是來自其他文化圈的故事、在世界上較陌生的地區所發生的戰爭時，就連最聰明的學生都可能落入新手的思考模式當中。即使明知道不恰當，但學生卻經常用『星際大戰式』的『善惡對抗』，來思考這類的狀況。」

哈佛研究團隊越是深入探究學習的本質，就越發現研究所支配著大學教育，而大學則支配著高中教育。遺憾的是，就像嘉納做出的結論一樣，這些人都是「爲了自己絕對不會想追求的未來職業而受訓的練習生」。

當修完九個AP科目的學生所獲得的評價，高過修完三個AP科目的學生時、善於代入特定公式的學生被認爲更加優秀的時候，我們就已經錯過某些重要的事物了。這樣的孩子絕對不可能像麥克亞當一樣，在路上發現新事物，他們的世界只有說明書而已。

哈佛零計畫最後下了這樣的結論：「比起鑽研從多達數十個科學領域中挑選出的上百個實際案例，我們更應該藉著深入一個領域，像是鑽研癌症發病的原因、深入探討貧窮或壓力等等，來讓學生『熟悉像個科學家一樣思考的方法』。」

比起修完九個AP科目的學生，我們更需要深入鑽研一個AP科目的學生。

這就是哈佛零計畫的結論。

「現在我該明確地表達我對教育學的見解，那就是我們主要的目標，必須要是對一個領域的『深入了解』。」

單純的學生善於接收大量資訊，但專家卻能在自己專精的領域，提出與他人不同的獨到見解。比起成爲修完九個AP科目，擁有傲人經歷的哈佛學生，麥克亞當選擇踏遍四萬八千公里的路、不斷深入探討問題，而這也令他擁有革命性的力量，得以改變全世界的道路，這也是嘉納在哈佛花費三十年鑽研出的「學習的力量」。

這時候，道耳頓所說的話又再一次在耳邊響起。

「世上不存在天才，如果有人創造出引起世界關注、被衆人認爲有價值的成果，那是因爲他努力不懈地追求一個實用性的目標。」

從無名教師成為國際知名學者

這次讓我們假設自己有一個目標，一起來思考下面的狀況：自西元前三千年左右便開始使用的楔形文字（圖2-3），是十分抽象的文字。與利用物品形象創造的象形文字不同，這種宛如鳥腳印的文字一字排開，實在是令人費解，而且始終沒有出現能夠解開其規則的學者。但學者們仍不肯放棄的原因在於《聖經》。

圖2-3 楔形文字

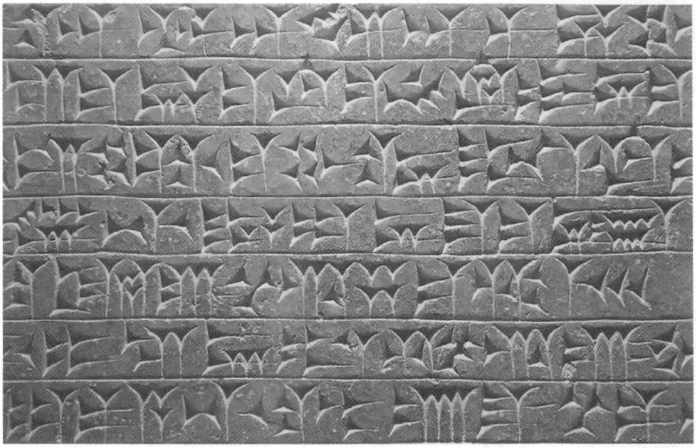

這種楔形文字是在《聖經》中提到的土地，也就是美索不達米亞被創造出來的，推測可能記錄著「以泥土造人的故事」「爲躲避大洪水創造方舟的故事」「與以色列國王有關的戰爭故事」等聖經中重要的歷史事件，但眞是如此嗎？

無數學者都想解讀出波斯波利斯石碑上錯縱複雜且困難的文字（圖2-4），但最後眞正揭開謎團的，是一個滿頭亂髮、長相平凡無奇的喬治·弗里德里希·格羅特芬德。當時他是一位年僅二十七歲的拉丁語教師，跟哥廷根皇家圖書館的管理員打賭，只要准許出借楔形文字的資料給他，那他就會嘗試把文字之謎解開。

權威學者在這個問題上仍原地踏步的狀況，並沒有對他造成影響，更令人印象深刻的是他十分坦然的態度。他認爲即使是一位無名教師，仍然能夠嘗試深入研究楔形文字，而這個過程也具備足夠的價値，潛藏了主動「深入理解」的想法。

讓我們來看看當時是個謎團的波斯波利斯碑文吧！這碑文的內容與波斯阿契美尼德王朝的國王有關，格羅特芬德手邊並沒有任何現存語言的資料，能與該碑文的內容互相對照。象形文字與希臘語相似，很容易就能夠透過比較來推測出內容，但楔形文字卻必須只能靠楔形文字本身進行解讀。

當時學者們推測，在碑文中反覆出現的特定文字，代表好幾位國王的名字，但就只有這些資訊而已，再也無法有任何新進展。

格羅特芬德決定逆向思考，那些文字如果是好幾位國王的名字，實在顯得太短，而其他較短的碑文當中也一直出現相同的文字，所以他推測這並不是數位國王名，而是指某一位特定的「王」。那麼，「王」前面的那幾個字，會不會就是那位國王的名字呢？

我們一起來推理吧，格羅特芬德將精力投注在兩段文章上：

「A＝大王，幾位國王的王，B王的兒子。」

「B＝大王，幾位國王的王，幾個國家的王，C的兒子。」

來，這裡A、B、C的關係爲何？B在兩邊的碑文當中都有出現，而A是B的兒子，B是C的兒子，所以能夠推測出C、B、A依序是祖父、父親與兒子三代！

圖2-4　波斯波利斯碑文

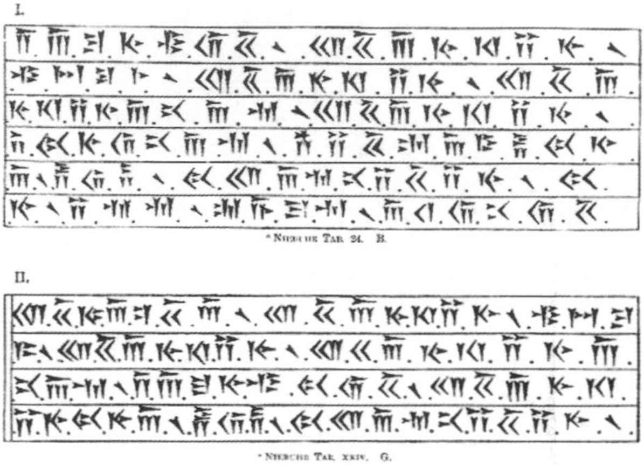

我們已經用古代語言學家的方法思考，慢慢接近答案了。接著再回去看上面的兩段碑文，專注思考到找出新發現爲止。格羅特芬德花費大量時間專注思索那兩段文字，接著有了驚人的發現。C的後面竟然沒有「王」這個字，這雖然是件很瑣碎的事情，但若以學者的角度來思考，這就成爲非常重要的線索。

語言學家會在這時候，產生彷彿全身有電流流過的顫慄感，當時是位無名教師的格羅特芬德也一樣，以學者的方式思考之後，產生顫慄感。

如果透過楔形文字時代的歷史，尋找自己的父親不是國王的王，這樣會不會就能輕鬆地用那個人的名字，找出楔形文字的發音方式與意思？楔形文字這個人類歷史上第一

圖2-5 格羅特芬德領先學界發現的文字

個文字的謎團，就在格羅特芬德坐在書桌前經過深入思考後解開了。他判讀出D、A、R、S、H這幾個楔形文字的字母（圖2-5），而這代表波斯王大流士的意思。

雖然他立刻向皇家科學協會報告自己的發現，但由於他並非知名學校的教師，所以從來沒想過要在學者面前發表自己的發現。因此他的報告，是由另外一位教授替他發表，但根據一位歷史學家的描述，這是「當時在考古學上令人難以置信的事」。完成人類史上第一個文字的解讀工作的人，竟不是專業的學者，也不是大學教授，也因此就這麼被人遺忘。

縱使這是個跨時代的發現，但許多著名學者紛紛批評格羅特芬德不足以讓人信服，於是他的發現就成了著名學者深入研究的墊腳石，功勞便被那些比較有名望的學者占據。格羅特芬德最後只當到學校校長，然後便默默離開這個世界。要靜靜看著那些以自己的功績爲基礎進行研究，最後獲得騎士爵位、躋身頂尖學者之列的人，實在不是件容易的事。

但歷史是正確的。從無名的學校教師成爲無名學校的校長，在沒沒無名的狀態下與世長辭的格羅特芬德，獲得「十九世紀德國古代語言學者」「爲古波斯楔形文字解讀奠定基礎的亞述學之父」等頭銜。比這更令人驚訝的是，「深入理解」的力量，讓他爲世界帶來創新的改變，足以讓全世界記住他的名字。無名教師像一位學者一樣，執著地深入思考人類史上最初的兩段文字，最終使他成爲第一位破譯人類史上第一種文字的人。

就算只是一般的學生，如果能不要分心到別的領域，而是像學者一樣專精、深入了解一個領域的話，那麼就能夠有像麥克亞當和格羅特芬德那樣的發現，這也是嘉納在哈佛獲得的領悟。比起那些穿梭於各個領域，在每個地方都只跑四千公里，就安心地認爲自己能有所成就的知名大學學生，我們更需要在唯一的領域當中，專注地走過四萬八千公里，最終有了偉大發現的麥克亞當。

因爲這樣的人才，才能夠不受時代的信號所困，創造出全新的信號。

2 間隔效果

——即便努力的總量一樣，學者仍會爲學生訂下起點與終點。

如彗星般登場的天才學者

一九二一年，當衆人都在沉睡的夜晚，知名藥理學家奧托．勒維經歷了一段十分特殊的經歷，那就像是來自神的啟示。四十多歲的他在夢中想到一個前所未有，能夠贏得諾貝爾獎的創新想法。當時在格拉茨大學實驗室裡與研究主題搏鬥的勒維，在夢中仍持續做著實驗，而他突然在做夢的時候，找到自己尋找已久的解答。勒維立刻從夢中醒來，打開燈把自己看到的實驗結果寫下來，然後再度進入夢鄉，可是隔天醒來的時候，勒維卻感到十分失望。

他不管怎麼端詳當時自己隨手記下的文字，都無法從中找出答案究竟是什麼，那看起來就像是陌生的楔形文字。

不過幸運女神並沒有拋棄他。隔天祂再度來到他的床邊，讓勒維能夠再一次把實驗結果抄下來，而那個結果相當令人驚訝，是人們從未有過的創新想法。再次睜開眼的勒維，用非常優雅的筆跡，將這個糾纏他七年的研究課題的解答給記錄下來。接著勒維就像是獲得天啟一樣，立刻起身前往實驗室，用他在夢中發現的方法，利用青蛙的心臟開始做起簡單的實驗。

幸運女神告訴他的答案，簡單明確到足以說服其他學者。勒維取下兩隻青蛙的心臟，其中一隻的神經沒有切斷，另外一隻則是將所有連接到心臟的神經切除。接著勒維在點滴瓶裡，裝入與青蛙體液鹽分濃度相同的溶液，並將兩個心臟用管子連接起來，這樣一來，分離的臟器就能夠維持活著的狀態，然後勒維開始刺激第一個心臟的迷走神經，由於迷走神經會使心臟功能變差，所以刺激迷走神經之後，心跳就會變慢。幾分鐘之後，勒維將注入第一顆心臟的點滴，改爲注入沒有迷走神經的第二顆心臟，結果發現第二顆心臟的跳動速度也變慢了，就好像是被不存在的迷走神經刺激一樣，心臟的搏動變得很微弱。

這是當時任何一位學者都沒想到的結果。

生物學家數百年來都認爲，是因爲我們的體內有細微的電流流動，才能夠促使其他神經與臟器運作，但他們都錯了，勒維是全世界第一個完美說明令生物身體動作的不是電流而是化學信號的人。

勒維的發現非常簡單明瞭，但發現的過程卻無法用三言兩語解釋清楚。他是如何完成這足以獲得諾貝爾獎的偉大發現？學者越是分析勒維的發現過程，就越感到疑惑。勒維過去的研究，都不曾暗示過「他的平凡將會突然大幅進步」，讓他創下足以在歷史上留名的豐功偉業。過去所發表的論文雖然都很出色，但卻不像這個令眾人驚嘆的青蛙實驗一樣創新。他只是位平凡的大學教授，就跟眾多發表一般研究成果的學者一樣，在幸運女神突然來敲門之前，勒維在學界可說是比任何人都要平凡。他一星期準備五堂課，大多數的時間都用來教導學生，而且還要在數百名學生面前承受「舞臺恐懼症」帶來的痛苦，為何幸運女神會突然來到這平凡的男人身邊？為什麼幸運會降臨在這個從來沒有任何跡象，顯示他可能會獲得諾貝爾獎的男人身上？

超越哈佛的力量

全世界的心理學家與教育學家，對「是什麼能夠超越哈佛，讓人獲得諾貝爾獎，在學術上取得最高成就」這一點發表了上千篇學術論文。

其中，光是與「人們該在什麼時候複習新知」有關的論文就超過四百篇，學者意圖透過眾多研究追蹤的，是一個進入哈佛大學的學生，該如何完全吸收在那裡學到的知識，以及那些知識是如何發展成爲幫助該位學生贏得諾貝爾獎的種子。

如果有機會獲得全球最頂尖學府的入學資格，肯定不會有任何人拒絕，但問題其實是在入學後。即使聽了全世界最好的課程，那些東西仍然屬於花費數十年在特定領域不斷深究的教授，不是嗎？學生究竟能夠吸收多少知識則是另一個問題。

學者們深入研究這個問題時，發現一個與一般人想法迴異的事實：哈佛大學的學生華麗地展現個人學識有多麼淵博，其實是件沒有意義的事。

透過上千篇的論文研究，學者得到的結論是：重點不在畢業於哪個學校、成績單有多麼亮眼，而是一個人花費「多久的時間」專精於一個領域。

心理學權威哈利．P．巴瑞克透過十多年的長期追蹤，發表了〈單字學習的持續與間隔效果〉。實驗中，巴瑞克將學生分爲兩組，第一組學生使用社會常見的測驗方式，進行長達一年的測試，每兩個星期做二十六次測驗，要求學生將學到的東西記熟。第二組則做了較爲冒險的嘗試，將測試時間拉長到四年，每兩個月進行一次跟第一組一樣的二十六次測驗，以此要求學生將學到的東西記熟。

巴瑞克想透過這個長期實驗解開這個疑問：「花費長時間學習一個領域，能不能夠勝過短時間的專注學習？」

在我們看巴瑞克這個長達十年的研究結果之前，首先我們必須要記得，第一組與第二組的總學習時長一模一樣，差異只在於第二組花費更長的時間接觸該領域。而且要請大家明白，第一組是每兩個星期做一次測驗，這個時間的長度非常恰當，從這點來看，巴瑞克讓第二組每隔兩個月才接著之前的進度繼續學習的實驗，實在是顯得有勇無謀，對吧？

但巴瑞克發現的結果卻和一般人的預期背道而馳。每兩個星期進行二十六次測驗，與學習的頻率數值堪稱最符合標準的第一組學生，在過了五年之後所記得的內容，只剩下當時的五十六％左右，而每隔兩個月做一次測驗，學習時間被拉長的學生，則記得將近七十六％的內容，這是個令眾人嘖嘖稱奇的研究結果，而最感到驚訝的自然是巴瑞克本人：「有人想到結果會是這樣嗎？就連花費十年進行這個研究的我，也從來沒想過會是這個結果，還以爲過了兩個月大家會把東西都忘光。」

巴瑞克的研究結果當中，最值得我們注意的是在一個領域堅持不放棄的時間長度，比努力的總時間長度更爲重要。

當一開始拿到最佳成績的學生，沉醉於社會頒發給他們的勳章時，那些成績不上不下的學生若能努力堅持到最後，我們就會很難輕易斷定最後究竟是誰能登上最佳的寶座。在哈佛中接觸到最頂尖的知識，在畢業之後若不時常回去複習，那麼腦海中的這些知識將有一半以上會消失。

巴瑞克解開了這個持續將近一世紀的謎團：在哈佛學習的知識該如何完全吸收？這與哈佛大學本身並沒有太大的關係，而是取決於你在該領域花費多少時間、多麼用心，這就是獲得成就的唯一途徑。全世界最頂尖的學者無一例外，他們都主張人人皆應該經過時間的累積。

我們可以透過上百篇的論文發現，爲了在一個領域獲得最高成就，即便兩種方式努力的總時長差不多，但比起短時間的努力，更重要的是長時間沉浸於該領域，頂尖學者們稱其爲「間隔效果」。

間隔效果讓我們知道，你沉浸於特定領域的時間越長，自然會越精通該領域。即便努力的分量相同，學者還是會爲學生設下學習的起點與終點，當你的終點放得越遠，那麼就越有可能獲得新的發現，進而取得世界級的成就，這個現象甚至能夠超越個人的智力與畢業學校。

讓我們用更有意義的方式來測試間隔效果。教育家龍達・雷德斯・迪布利曾以在美國被評爲中等程度的南伊利諾州立大學學生爲對象，教導他們像哈佛學生一樣思考的方法，學生必須要在一個學期內，完成社會、文化、法律等六個領域的論文課題。

迪布利雖然希望這些經過嚴格訓練的學生能展現過人的智力，但他所在的地方並不是哈佛，而是南伊利諾州立大學，南伊利諾州立大學的學生寫出的論文，不過只是「統整、抄襲既有論文」的水準，對個人的主張也很沒有信心，態度非常謙遜。

這個實驗最有趣的地方不是設計一個人爲的測試環境，而是長時間在學校中自然發生的事情。南伊利諾州立大學的學生並不認爲自己的學術能力很出色，但如果學者請哈佛大學的學生做六個領域的論文，他們肯定能毫無阻礙地交出符合水準的成果。

在這裡先等一下，我們都知道哈佛零計畫的結論。

「比起鑽研從多達數十個科學領域中，挑選出來的上百個實際案例，我們更應該藉著深入一個領域，像是鑽研癌症發病的原因、深入探討貧窮或壓力等等，來讓學生『熟悉像個科學家一樣思考的方法』。」

這也是迪布利想爲荒涼的南伊利諾州大學植入的思想，在哈佛大學挑選優秀人才的標準與快速選拔過程中，很多孩子因此失去了光芒，但現在讓我們暫時停止這個行爲。

迪布利開始嘗試延後南伊利諾州立大學學生的學習終點，鑽研論文的時間和過去一樣，唯一改變的一點是迪布利決定讓所有人了解我們前面所學到的教訓，於是他要求學生花費一整個學期的時間研究一個主題，只針對一個主題撰寫論文。

迪布利同時也介紹了一些工具，幫助學生更深入理解一個特定的主題，他要求學生要在這個學期寫下自己對各自主題的觀察日記，他提出的標準如下：

一、提供資料來源的教授所提出的主張是否符合邏輯？

二、你同意這個資料來源所提到的內容嗎？

三、這些資料的共通點爲何？

被動地抄襲學術權威期刊論文的學生，開始利用迪布利提供的工具研究學者的論文。迪布利就這樣觀察了一個學期，究竟能否在南伊利諾州大學，打造出可能成爲學者的未來之星？

結果十分驚人。迪布利要求學生專注、深入地研究一個主題，而學生也開始做出了一些成果，迪布利如此記錄自己的研究：「南伊利諾州立大學的學生超乎預期，寫出足以刊登在學術期刊上供人進行學術討論，如專家意見般具權威性的內容。」

我們要記得迪布利設計的情況就跟巴瑞克的實驗一樣，學生努力的總量是不變的，那究竟是什麼改變了？

讓學生深入鑽研一個主題，他們對學問所表現出的一切就都改變了。

迪布利承認自己的失敗，表示第一個測驗中讓學生同時進行好幾個主題時，「根本沒有改變任何事」。而在第二個實驗當中，他讓學生花一定的學習時間深入研究一個主題，並問學生對自己的學術成就有什麼想法。

「越是針對一個主題進行思考，就越能找到更多的研究資料，進而可以理解更多跟該主題有關的資訊。」一位學生搶先回答。「現在聽到教授說的話，我會開始懷疑那究竟是不是眞的，在這個過程中我發現，我其實不需要對權威學術期刊的內容深信不疑，我深入思考一個特定主題的同時，就能更全面地了解它。」

而南伊利諾大學有了怎樣的改變？我們發現，深入理解一個領域，比橫跨多個領域，但對每個領域的認識都很淺要來的重要。閱讀迪布利的報告可以發現，學生再也不會謙遜地聽從其他權威的意見，而是會爲了發現新的可能性而站出來努力。當一個領域的終點越遠，他們就越能熟悉更多資訊，也能獲得更有意義的發現。來，那讓我們再回想一下前面提出的疑問：究竟是什麼引導著諾貝爾獎？

我們提出問題時，就像南伊利諾州大學的學生在看學術期刊，從權威教授的論文中找到缺點一樣，學生的表情看起來十分興奮。

「認眞閱讀權威學術期刊，才發現裡面居然刊登一些菜鳥寫的，甚至是沒有任何意義的論文。如果是這種程度的論文，那我會推薦給才剛涉足該領域的朋友。」

普通大學的學生，也開始能夠針對一個特定領域進行深入理解與思考了。

間隔效果帶來的成功差異

讓我們再回來看看藥理學家奧托．勒維。雅各．勒維是一八〇〇年代在德國法蘭克福經商成功的紅酒商人，他與安娜相遇後生下了奧托．勒維。雅各請了一位名叫史托格拉斯的攝影師來，為孩子拍下周歲紀念照，但當時他並沒有想到這張周歲紀念照，竟然會在英國科學院裡珍貴地保存兩百多年。

奧托．勒維成長在一個紅酒杯光影交錯的優雅家庭，從小耳濡目染使得他沉浸在懂得玩賞紅酒杯的藝術世界中。勒維鼻子下方的鬍鬚越留越有魅力，他所戴的圓框眼鏡也讓他更像一位藝術家而非學者。他非常熱愛拉丁文、希臘文等人文學科，最不擅長的學科就是科學與數學，勒維理所當然地認為，自己將會一輩子沉浸在藝術領域。

但父親雅各卻希望孩子進了大學之後，能學習一些更具實用性的知識，於是奧托．勒維便在父親的長時間說服之下，取得醫學院的入學資格。

當然，進入醫學院的勒維蹺掉大部分的課，數量之多讓他被警告可能遭到退學，人們通常可以在歌劇院、藝廊、博物館等地方找到他。

也因此，家人自然能從寄送到家中的成績單看出他即將留級的端倪，過去二十一年究竟做了什麼？勒維自己也不知道。

讓我們再次把勒維放回醫學院，他為了畢業論文開始拿起筆用功，當時正是藥理學家透過解剖青蛙心臟，發現迷走神經分布的時間點。在研究將藥物注入青蛙心臟會發生什麼現象的實驗當中，勒維第一次體會到藥理學的樂趣，也使他正式穿上象徵醫師身分的白袍。

雖然我們最後看到的是商人家庭出了一位具權威性的醫師奧托．勒維，不過還是應該在這裡暫停一下。醫師勒維在醫院裡看見因結核病、肺炎而痛苦地吐血、逐漸死去的患者之後，便躲進自己的研究室裡，當時他剛滿二十五歲，便表示自己將繼續青蛙心臟的相關研究。

奧托．勒維在完成這一連串複雜但卻無法逃避的經歷之後，究竟能夠成爲多麼了不起的藥理學家？讓我們來試著畫出他的成長曲線。如果你是勒維，你會畫出什麼？

這時候讓我們回想一下迪布利的教訓。雖然社會都認爲，奧托．勒維的成功曲線在二十四歲那年走偏，變成一片斷垣殘壁，但我們已經學習到必須要知道自己的起點與終點究竟在什麼地方對吧？如果我們將卡拉揚的種子種在那片斷垣殘壁之中，那麼是否能看見它長成新的樹木？

當然可以。一八九八年之後的二十三年，勒維不斷深入地鑽研一個領域，我們只能用嘉納對學習的本質與迪布利的教訓來說明他的狀況。勒維刮去鼻子下方迷人的鬍鬚，開始專注於青蛙心臟，讓我們繼續調查一八九八年以後的勒維。

勒維花了六年時間研究葡萄糖新陳代謝、糖尿病與心臟功能。這時我們應該移動到生理學的中心，英國。因爲勒維到了英國之後開始深入研究青蛙心臟這個主題，他有了一個足以讓嘉納露出微笑的重要主題。

接著再短暫地回到一八九八年看看這個主題：一八四二年，義大利科學家卡洛·馬陶西發現動物的肌肉會產生電流，於是衍生出電生理學這個新領域，也讓當時的學術界開始假設，我們身體的神經都是由電流操控，但過了五十多年，人們卻觀察到這個理論有些問題，那就是若電對身體的神經產生作用，就應該要雙向流動才對，可是現實是電只往單一方向流動，這樣神經細胞的移動就不是靠電，而是靠化學作用才對吧？

來，試著花二十三年的時間回答這個問題。如果你自醫學院畢業之後，就一直和這個問題搏鬥，那麼你將會登上全世界第一次舉辦的諾貝爾獎頒獎典禮。

令人訝異的是，當時的學者並沒有深入思考該主題，因為人們眼睛所見的就是體內有電流，比起只因為這一個問題而深入研究化學作用，大家反而是一窩蜂地投入馬陶西創造出的「電生理學」領域，而勒維就是在這，開始為自己種下教訓的種子。

進入研究室的勒維，在七年後的一九〇五年發現毒扁豆鹼這種物質能活絡副交感神經帶來的刺激。神經會分泌化學物質的可能性便在此時初次登場，接著又過了七年，一九一二年時發現心臟刺激藥物的作用與鈣、其他藥物的效果，可能會對迷走神經帶來影響。他以「發現迷走神經分泌的化學物質乙醯膽鹼」為題，繼續深入研究，這對未來產生了重大的影響，全世界只有勒維一個人如此深入研究這個主題，於是在一九二一年，勒維變成連做夢都在做實驗的人，過去他爲了從醫學院畢業才接觸的青蛙心臟，開始向他解答一連串的化學作用是如何開始的。他終於完成對一個主題的深入理解。

我想在這裡，讓各位看看間隔效果可以帶來多大的成功，不是只有勒維認爲神經會分泌化學物質，這很正常，勒維不是天才。

試著想想，學生時期就不擅長科學的勒維，是多麼地熱愛人文學，他的學生時期大部分都耗費在與藥理學、生物學無關的領域，化學作用只是學者們推測的假設之一。

一九一四年，藥理學家亨利．戴爾比勒維更早發現乙醯膽鹼，同時也發現這種物質會對副交感神經帶來影響，而去甲基腎上腺素則會對交感神經帶來影響，不過手上握有這兩個強力證據的戴爾，只研究到這裡就停止了。當時正值第一次世界大戰爆發，戴爾開始研究與戰爭有關的學問，畢竟跟戰爭有關的事情才是當時最迫切的。

教育學家爲亨利．戴爾與奧托．勒維設下了起點與終點，勒維雖然一直到二十五歲才一頭栽入迷走神經的世界中，但那又如何？勒維花了二十三年，而亨利．戴爾不過投入了幾年的時間，就再也沒有碰過這個領域。

當然，如果戴爾一輩子都在藥理學上努力，不像勒維那樣分心去關注藝術的話，或許他的大腦就會清楚到足以發現當今最重要的物質乙醯膽鹼，但他的成就爲什麼就停在那裡了？

在嘗試繪製成功曲線的時候，亨利．戴爾耀眼的曲線自然是眾人關注的焦點，但在不起眼的地方故我地發著光，以為自己是位藝術家的藥理學家，後來卻靜靜地占有這份功績，今天的學者如此評價本該由戴爾主導的青蛙實驗：「亨利．戴爾手上有完成眼前這幅拼圖的最後一片關鍵，但他卻沒有完成拼圖，是因為他沒有再繼續深入下去。」

奧托．勒維夢想成為
藝術家的時期

勒維一九二九年
訪問波士頓的照片

3 直到成爲哈佛最好的教授爲止

——「進入布魯克林大學就讀的第一天，彷彿重生爲一個完整的人。」

一位哈佛教授的祕密

一九七二年十二月的一個星期三下午，位於曼哈頓市中心某棟大樓的二十樓，當時美國知名表演經紀人休洛克正在爲俄國交響樂團的第一場美國演出做最後準備。當時猶太保衛同盟（JDL）武裝團體堅決反對與俄國有任何文化交流，他們明確警告休洛克不得舉辦這場表演，但也因爲演出遭到禁止，反而吸引更多觀衆前來觀賞，休洛克賺進了足以塞滿整棟大樓的巨額款項。

他並沒有暫停演出，而是開始將原本有錢也看不到的俄國藝術家帶到美國演出。「猶太人眞的會在美國市中心進行恐怖攻擊嗎？」依照休洛克的判斷，每次都沒有特別的損失，這樣的緊張關係反而幫他賺進更大筆的財富。

但那天不一樣。有兩位精心打扮的二十多歲青年走進大樓，表示對休洛克的演奏會很有興趣，他們的包包雖然有些可疑，但清秀的外表卻讓員工做夢也沒想到，那裡面裝的是能夠殺死自己的炸彈。

過了幾秒後，在有人發現他們的包包裡裝有東西之前，兩個包包便發出「咻」的聲音，炸彈是威力強大的燃燒彈，隨著紫色的火焰在眼前爆炸開來，瞬間融化所有的打字機，並以更強大的熱力包圍二十層樓的建築。

他們打算殺死休洛克，但他幸運地在消防員的救助下撿回一條命，一名二十七歲的女性員工艾利絲．康妮斯在這過程中喪命。這裡出了一個問題：這位女員工是猶太人。

全世界開始強烈譴責這起犯罪行爲，雖然沒有人刻意造成她的死亡，但她卻是因最需要防範的炸彈恐怖攻擊而喪命。遭到打擊的美國警方直到這個時候，才動員整個搜查網，逮捕猶太保衛同盟的所有人，以殺害康妮斯的嫌疑起訴。

起訴的那天，其中一名嫌犯指定了一位辯護律師。

他所指定的辯護律師，當時正悠閒地在國家公園露營，由於這起事件的嚴重性，公園管理員很快便找到他，並傳達「有個叫埃利法特的男人找你，說是攸關性命的事情」。

當時正被鳥群環繞的他一聽到埃利法特的名字，便想起自己的童年。埃利法特是他住在波洛公園時的鄰居，當他跟人在紐約的埃利法特聯絡上之後，對方便立即問他記不記得住在五十號街的謝爾頓．西格爾。

「當然記得，他過得怎麼樣？」律師邊回想邊問。

「西格爾現在被以一級殺人罪起訴，檢方認定在休洛克辦公室爆炸的炸彈，就是由西格爾製作的。他正面臨極大的困境，整個人害怕得不得了，再這樣下去可能就要被判死刑，他現在就需要律師，你能幫他吧？」

艾倫．德肖維茨無法立刻理解他在電話中聽到的這番話，自己學生時期的朋友竟然被控一級殺人罪？在繼續講述他們的故事之前，我們先來整理一下先前發現的事實。

無論我在某個領域表現得再好，那也不是我一個人的功勞，是因爲羅森塔爾的手指指向我，認同我的才能。

問題在於整個社會不站在我這邊的時候，從那時開始，周遭環境創造的巨大信號，便成了擊垮我的信號，沒有人能擺脫這種信號。根據學者的說法，我們的腦細胞會對這些信號產生反應，對自己的看法將有很大一部份受到他人的影響，如果人們都認爲我很平凡，那麼我就會配合該信號變得平凡；若人們認爲我做不好，那我就會做得更不好；若人們認爲我很特別，那麼我就會爲了回應那樣的期待而下意識地去努力，這是來自潛意識的力量。我們學習到必須有意識地遮蔽這些信號，當我們在信號被遮蔽的空間中，朝最重要的目標跑去時，就能夠看見最耀眼的時刻。

那麼這次就讓我們來測試一下之前發現的事實，我將會分為三個階段來進行驗證。第一階段會邀請看起來最無害的學生，在遮蔽一切的空間中向他們傳遞最好的信號，這些學生眞的能像我們至今看見的那樣有所改變嗎？第二階段則是邀請心理學者，向一大群學生發射這樣的信號，看看信號的力量會有多麼強大。第三階段則是要觀察學者如何理解這些朝我們而來的信號，並且以深入地觀察去了解該如何接收信號進而成長，我希望能讓各位看到，包括間隔效果在內，一個人是如何完成對一個領域的深入理解。

爲了探討這些事情，最好的選擇就是先來討論這個被控一級殺人罪的集團。那位被控一級殺人罪的男子之所以指定德肖維茨當他的律師，正是因爲兩人互爲在人生的每一個階段都極爲相似的兒時玩伴。

創下哈佛大學歷史上最年輕專任教授紀錄的德肖維茨，理所當然地拒絕了被控一級殺人罪的朋友所提出的要求。由於他今年要在哈佛大學教課，不能經常往返康橋和紐約，所以沒辦法擔任辯護律師，不過德肖維茨做爲這位嫌疑犯的老友，答應他會協助尋找替代的紐約律師，也會在憲法規範的基本權益相關問題上，擔任西格爾的法律顧問，這樣應該就行了吧？

但西格爾拒絕這個提議，他只想要德肖維茨，他說自己不相信其他律師。若仔細去看西格爾和德肖維茨在波洛公園上學時所共享的一切，就會發現他們其實是一樣的人。

一級殺人犯和哈佛大學的教授是一樣的人？

在哈佛成爲最被關注的明日之星時，卻因爲一位絆住自己的老友，使得德肖維茨必須公開自己的過去。西格爾的出現，使這位哈佛大學教授面臨律師資格可能被取消、人身安全受到暴力威脅的情況，他究竟有什麼樣的祕密？找出眞相非常重要，因爲這就是我們想要驗證的第一階段。

重要的變化來自於稱讚

西格爾與德肖維茨一起就讀波洛公園附近由猶太人建立的學校，那裡有幾位從他們的父親還在讀書時就任教的教師。

後來他們也同意兩人在學校時，的確有許多共通點：他們的成績都不好，上課時都在教室最後面打瞌睡。德肖維茨的數學和拼音成績分別是C和D，品行與勤勞則是F，甚至還有過拿F^{-}的慘痛回憶。德肖維茨的父母會定期被叫到學校來，因爲次數太過頻繁，有一位同班同學還曾經問德肖維茨的媽媽是不是在學校裡工作。

德肖維茨覺得上課很無聊，無法專注超過一分鐘，當時他的導師並沒有用「注意力週期」或「過動」等複雜的詞彙，而是用更直接的方式形容他所面臨的困境：教師批評他沒有足夠的「肉塊」幫助他坐在硬邦邦的椅子上，也就是說因爲屁股的肉不夠，所以無法長時間坐在書桌前學些什麼的意思。

在波洛公園，德肖維茨每一個領域的成績都處在中間，但卻非常會打架，只要有新同學轉來，那他就會負責把對方痛打一頓。由於學校成績和品行都是官方認證的差勁，他成爲許多家長避之唯恐不及的不良學生，鄰居們也都怕受到不好的影響，禁止自家小孩出入他們家。

而且德肖維茨有恐怖分子的特質，雖然他解釋說那只是在開玩笑，但他的導師和學校卻不同意這個說法。有一次在高中課堂上，因爲「傲慢」而被趕出去的德肖維茨做了個假人，並讓假人穿上自己的皮夾克、褲子、戴上帽子，然後將假人帶到學校屋頂上。

在屋頂上德肖維茨一言不發地打算將這個跟自己一模一樣的假人丟下樓，而他的朋友則到樓下的教室去，大喊著：「德肖維茨想從屋頂上跳下去！」教師聞言便跑到窗邊去，這時德肖維茨就將假人丟下去，那是被認爲是壞學生的德肖維茨輕生的瞬間。「德肖維茨跳下去了！他終於還是跳了！」在一陣慘叫當中，這個模型就在充滿罪惡感又感到恐懼的教師面前落地，嚇到臉色蒼白的教師所看到的是四分五裂的假人，以及覺得這一切十分有趣，笑得很開心的德肖維茨。高中時期的德肖維茨，就是個氣質沒那麼好，甚至會拿死來開玩笑的學生。

西格爾當時是他最好的朋友，調查也顯示他很可能犯下恐怖攻擊。有一次西格爾將學校的廣播系統與個人麥克風連線，向全校學生宣布捏造的訊息，使許多教師與學生憤怒不已。這使得西格爾成了令衆人厭惡的存在，而他之所以會變成這樣，是因爲他的母親在青少年情緒最敏感的十七歲時去世。一年半之後父親與新的對象再婚，繼母總是責備西格爾不成熟、沒有責任感、一點也不獨立、是個沒用的傢伙。他總是低著頭，沒有什麼朋友，經常孤伶伶地一個人，老是讓身邊的人感到不自在。

雖然高中畢業之後，西格爾進入市區的市立大學就讀，但後來又輾轉到了紐約市立專科大學、南加州大學、市立大學就讀。

這和德肖維茨一樣。德肖維茨以慘不忍睹的成績，好不容易才從猶太教區的一間高中畢業，成績單上的「F」非常刺眼。即便德肖維茨現在已年過八十了，仍保存著當時的成績單，數學六十分是F、物理也是六十分，同樣是F，歷史六十五分、希伯來文六十五分，只有英文好不容易拿到八十分。

教師們都公開反對德肖維茨進入大學就讀，導師把德肖維茨找來，跟他說：「你過去被認爲是壞學生，現在也是壞學生，以後也一直會是壞學生。」學校輔導室的紀錄顯示，當時還是學生的德肖維茨獲得的建議是別進大學，去當一位專業技術人員。以上就是這位哈佛最年輕專任教授的成績，該怎麼改變這位學生？方法很簡單，就是把他叫到遮蔽的空間，然後讓他接收全新的信號。

「不過幾個月的時間，我就從一個成績只有C或D的高中生，成爲拿到A+的耶魯大學學生，我接收到非常短暫但卻很強烈的信號。」德肖維茨第一次接收到新的信號是在美國的梅波湖營隊，這個營隊和他就讀的高中很像，除了是個營隊之外，其他的和高中環境沒有兩樣。德肖維茨總是懷疑自己的能力，他在個人傳記裡面記錄了自己的心情：「雖然父母很愛我，但卻從來沒說過我很聰明，因爲我高中成績單上的分數，就是在告訴他們我應該要去走一條跟學術無關的路。國中時，一位教師曾經說過我很聰明，但他也曾經教過我父親，所以實在沒辦法相信他說的話。雖然不曾有過，但我一直很希望有個權威人士來認同我在學業上的可能性。」

德肖維茨長期以來的渴望終於實現了。營隊有很多新加入的人，大家都不知道德肖維茨是「成績差到無法上大學的學生」，在那裡，他第一次有機會成爲猶太群體中的領頭羊，在營隊裡完成了需要有一定程度的領袖風範與創意才能夠完成的作業，這也使得二十年來頭一次有人靜靜地攬住德肖維茨的肩膀。

「你眞是個有智慧的學生。」

德肖維茨老實回答：「我只是把東西背得很熟而已。」

「你剛才所展現的能力，是超越背誦的智慧。」

究竟是誰攬著德肖維茨的肩膀？他就是來自哈佛大學的偉大猶太學者爾文・葛林堡，來讀讀下面這段驚人的紀錄：「即使我的高中成績令人羞愧，但葛林堡仍然要我認眞思考進大學的事情。雖然我父親希望我去工廠工作而不是上大學，但卻有人將獨具意義的手放在我的肩膀上鼓勵我。」德肖維茨再也不需要懷疑相信個人內在力量的信號。

哈佛學者都認同自己的智能了，還需要多說什麼？但這時校長卻把德肖維茨在教室最後面的位置清空，表示他正式拒絕讓德肖維茨申請進入大學。

這時候，比起那張被校長清空的書桌，德肖維茨反而察覺了更重要的事情，他發現其實懷疑自己能力的人就是他自己，這裡有一段非常有趣的紀錄，能夠幫助我們了解德肖維茨究竟是在何時以及如何改變的：「我花了幾個月的時間投注所有心力讀書，過去在全年級只有五十人的小型高中裡，排名吊車尾的我，在有兩千多名學生的大學中拿到了第一名，在全美國只有一百七十人能夠錄取的耶魯大學法律系也是第一名。」

相反地，西格爾並沒有機會接收到這種正面的信號，他一如衆人的預期，流連在貧民區，且以很快的速度沉淪。人群看待他的目光也使他越來越抬不起頭，大家開始覺得光是待在他身邊就感到很不自在，西格爾在一九六九年加入猶太保衛同盟後，便開始頻繁進出兼做指揮本部與社交場所的波洛公園本部。由於他善於操作電子製品，所以被分派到彈藥管理處，懂得如何熟練製作出每一種炸彈的西格爾，開始受到恐怖分子的歡迎，他開始接收到恐怖分子的信號，也開始有了朋友，第一次成為像英雄一樣的存在。

崇拜西格爾的追隨者當中，有一位擁有藍眼、如絲綢般美麗金髮的美麗女子，西格爾深陷於她的魅力之中。這名叫做凱斯勒的女性，全家人都是JDL最勇敢的戰士，西格爾很快地與她墜入情網，於是他也理所當然地成為恐怖分子。

曾經處在相同環境中的兩個孩子，接收到了截然不同的信號。一個是來自JDL將自己毀滅的信號，一個則是截然不同的嶄新信號，那是人們說自己聰明、認為自己有潛力、相信自己能夠成功的信號。

在那之後，傳記作家在德肖維茨的自傳中寫道：「德肖維茨以三流高中的成績，好不容易考上了三流的布魯克林大學，他就像遭遇一場突如其來的地震一樣，在沒有任何準備的情況下，透過巨大的力量重生為全新的德肖維茨。沒有人會懷疑他身為美國最優秀的法律人的身分。當他走過了那段不斷闖禍的歲月，進入布魯克林大學的第一天，他彷彿突然變成另外一個人。」

在這裡，我們找不到任何特殊方法，讓一個曾經落榜的學生躋身全球頂尖人士的行列。若我們給德肖維茨一個問題，他會帶著自信解決，即使在最困難的問題面前，哈佛學生仍然能夠一派輕鬆地面對挑戰，而德肖維茨也優雅地展現了相同的姿態，這使他真正地有所改變。

連校長都認爲已經沒救的學生畫出了一條美麗的成功曲線，讓他以耶魯大學法學院第一名之姿畢業，許多絕佳的機會開始向德肖維茨伸出雙手。

就讀一所平凡高中，好不容易取得畢業證書的學生，卻在不到十年內就成爲全世界最優秀的哈佛法學院教授，而且我們所熟知的德肖維茨，是全世界最年輕的哈佛大學教授。

「改變我人生方向的轉捩點，是一九五五年參加營隊時所第一次接觸到的信號。」德肖維茨再一次強調。

「那個信號就是有人認眞地說我很聰明。」這樣的信號使一個成績不及格的學生，有機會進入哈佛，羅森塔爾的手指眞的存在。這樣的德肖維茨即將在哈佛任教時接到一通電話，電話那頭的人詢問他，是否願意負起責任爲一位他所認識的殺人嫌疑犯辯護，這讓德肖維茨難以置信，他沒有想到西格爾和自己是如此相似，但卻淪落到背負炸彈恐怖攻擊與殺人嫌疑的地步，因爲德肖維茨所認識的西格爾，從來不曾特別關注猶太人的問題，更不曾從事相關的活動，現在西格爾還指定德肖維茨擔任他唯一的辯護律師。

究竟是從哪裡開始出錯？一個小小的信號，竟讓兩個學生有截然不同的發展，而這發展的結果相當致命。這與過去這位學生有多誠實、拿到多少分數沒有任何關聯，重要的是他們究竟接收到什麼樣的信號。

在那之後好幾個月，法庭上出現十分罕見的景色。全世界最優秀的律師，爲被指控犯下全世界最惡名昭彰的一級殺人罪嫌疑犯辯護，在與檢方激烈的攻防之後，德肖維茨拿到的判決文如下：「在西格爾案當中，我們考量到竊聽錄音帶已經廢棄，問題的錄音帶已不存在於這個世界上，爲日後審判之便所下達之歸還命令不再有效，故在此宣布過往裁判爲西格爾定下之罪名將失去效力，予以撤銷。」

德肖維茨爲西格爾洗刷了汙名，兩人曾經居住的小城市波洛公園，則盛傳德肖維茨「以前是個愛闖禍的淘氣鬼，現在卻成了爲麻煩人士辯護的律師」。

德肖維茨經常想像當時的高中教師與同學，若看到他今日的成功會有怎樣的反應，後來這樣的想像也化作現實。德肖維茨曾經於葉史瓦大學附屬高中擔任校長，在他的恩師九十歲生日時，特別寄了包裹過去。那個包裹中有一捲錄影帶，是德肖維茨祝賀教師九十歲生日，並演唱一首生日快樂歌的畫面，已經畢業五十多年，這位學生難道眞的只是想祝教師生日快樂嗎？影像的最後，這位學生回想起過去教師曾經否定自己的潛力，便說了以下這段話：「看完這段影片的校長先生不知道會有什麼反應，但我光是想像就已經很滿足了。」

影像中的德肖維茨，依然保有過去在教室裡，用人體模型開自殺這種卑劣玩笑時的眼神，但他在遮蔽的空間中遇見了另外一種信號，使他成爲截然不同的人。那是眼睛看不見，但卻被人們視爲理所當然的自我定義信號的改變。

改變這一個小小的信號，就能夠轉變看待整個世界的方式，自此以後一切便截然不同了。

在學習中感覺到超群目的的瞬間

有個驚人的事實。心理學家早在全世界的研究當中，發現能夠完美解釋像德肖維茨的遭遇一樣，宛如被施了魔法般的改變。第一個研究這種現象的心理學家叫做阿隆森，他觀察到若讓學生看見信號中帶有與學習有關且具說服力的訊息時，學生的成績就會連續好幾個月，甚至好幾年地提升，後來也有許多學者進行後續研究，發現一個簡單又正面的信號所施的魔法，能夠讓學生徹底改變。

在後續的研究當中，心理學家讓學生簡略寫下自己認爲最重要的價值，像是家庭關係、友情、熟練的演奏樂器等，並且要求他們用一小段文章簡述原因，這是爲了讓學生能夠以個人見解，明確地闡述價值觀，同時也是讓他們能夠創造屬於自己的堅定信號，不被外界信號干擾的作業。

這個作業只花不到十五分鐘即可完成，然後心理學家會開始定期到教室拜訪，要求他們重複進行這項作業，幫助學生培養出獨立創造個人信號的力量，這段時間就像是德肖維茨的夏令營，幾個月後學者得到下列神奇的結果：

一、學期初成績最差的學生，成績有了最大幅度地提升。

二、成績下滑的學生，分數不再繼續下滑。

三、一般學生與排名最前面的學生之間的成就差異縮短了四十％。這個現象至少持續兩年。

爲學生注入全新的信號，並培養他們創造個人信號的力量之後，就能觀察到學生確實有所改變，劣等生成爲優等生，開始有許多像德肖維茨一樣的學生出現。依照研究人員的說法，我們不需要再對此提出任何見解，如果不相信這個結果，那你大可以去看學生的成績單，還需要其他的解釋嗎？當然，我們會想去計較那些成績較差的學生長期以來沒有被人督促的讀書習慣，以及學習總時間等複雜問題，不過這就跟當初認爲德肖維茨「屁股肉太少」所以坐不住，無法好好讀書便不再繼續對他用心的教師一樣。

而我們後來也看見這位教師的想法並不正確。每個學生都有可能性，全世界的心理學家發現，人們應該觀察這個可能性，並創造出屬於自己的明確信號，同時不要顧慮來自外界的因素。比起讀了多少書，如何更有意義地讀書才更加重要。學者針對這個幫助劣等生脫胎換骨的研究結果做出兩項說明：

一、成績較差的學生經歷的現象，用專業術語來說叫做「確認個人價值作用現象」。對認爲自己有用且有價值的學生來說，學期初的壞成績，以及那曾經圍繞著自己，被自己認爲「極度重要」的劣等生信號變得不再那麼重要，他們的注意力轉移到學習這件事上。

二、成績提升能夠中止不間斷的惡性循環。

學者研究的結論如下：如果貶低自己的環境信號影響力沒有降低，那麼這些信號便會持續占用學生的注意力與智能。所以學生必須抵抗周遭那些極具破壞力的信號，同時也必須用堅信自己有潛力、努力支持自我的信號來武裝自己。

當然，我們花了很多時間確認這點的重要性，但這次讓我們來看一個更正面的例子。故事的主角是全世界心理學家在討論人類動機時，最常被拿出來討論的心理學家亞伯拉罕・馬斯洛。他對認爲自己很平凡的人們提出一個問題：「我喜歡問學生『誰想當總統？』或『誰想成爲一個像史懷哲這樣的楷模，爲人類帶來啟示？』然後會向支支吾吾、雙頰泛紅的學生繼續問下面的問題：『如果都沒有人願意，那麼你們認爲該由誰來做這些事？』」

我們都認爲能夠成就這番偉大功績的人，都是自哈佛畢業或是和我們距離很遙遠、比較「高級」的人，其實我們現在也不會覺得德肖維茨的魔法會發生在自己身上。如果我走進一間普通學校的教室，跟大家說：「你們未來能夠成為哈佛大學最年輕的教授。」教室肯定會陷入一片靜默，對吧？

但再思考看看，為什麼明明每個人出生時都具有無限的潛力，卻只有其中幾個人能夠實現自我？在人們心中卓越不凡的那些人，眞的跟我們不一樣嗎？

馬斯洛將這種認為自己很平凡、不做偉大夢想的行為稱為「約拿情結」，《聖經》中的約拿是個不願意承擔重大使命，對神的呼喚感到害怕，渴望逃離這一切的膽小商人，馬斯洛便用「約拿情結」來回答這個問題。

馬斯洛解釋，人類害怕自己的優點，同時也會害怕自己的缺點，所以恐懼於把夢想化作現實，只滿足於湊合著度過每一天。

讓我們更深入地來看看他的說法：「我們所感受到最深的恐懼，並不是我們不夠好，而是我們的能力遠遠超過自己的想像。令我們感到害怕的不是黑暗，而是我們的光芒。很多人會問『我眞的很出色、很棒、很有能力、很了不起嗎？』但我反而想問你究竟有什麼做不到的？何必畏畏縮縮？如果要有其他人的肯定才不會感到不安，那麼你自然不會受到關注。人類只有在被自己的光芒照耀時，才會下意識地認同其他人也有機會像自己一樣發光發熱。」

馬斯洛的批評很尖銳，也使我們得以回顧至今在各個領域所看到的奇蹟。前面我們看了很多遮蔽原有信號、創造全新信號的國際名人，但究竟有多少人在看這些人的事蹟時，也覺得自己有可能像他們一樣？我們已經很熟悉黯淡無光的自己，讓我們眞正感到害怕的是使這些名人離開黑暗、發光發熱的那道「光芒」。雖然人人身上都有那樣的光芒，但我們卻只對它感到害怕，這就是馬斯洛批評的重點。

這裡還有一個更有趣的差異之處。史丹佛大學的葛雷利・華頓教授與研究團隊就參考了馬斯洛的訓誡，讓光芒進入位於全世界最黑暗貧民窟的學校，他們是否眞的能讓最黑暗角落的學生，相信自己也能夠散發光芒？

華頓所選定的地方是少數民族居住區，該學校的學生大多出身自社經地位最底層的家庭，學生十人中有九人付不起營養午餐費用，只能靠學校補助，也因爲大家都這樣，所以學生並不會因爲接受學校補助而感到羞愧。觀察他們的家庭狀況，會發現大多數學生的父母不僅沒有大學學歷，擁有專科學校學歷的比例也只有九％，每四名家長中就有一人高中肄業，從統計數字看來已經很絕望，而實際的情況則是超乎預期的黑暗。

不過該地區大多數的學生都決定申請大學，華頓和我們都想驗證這些學生是否能夠撐到最後。

研究團隊嘗試在這裡推廣馬斯洛的教訓，其中所蘊藏的訊息是學習這個行爲並不單純只是爲了成績單上的數字，而是希望透過學習，讓自己能夠成爲如光芒一般，照亮社會的存在，這些一無所有的貧窮學生，能否接受這樣的訊息？我們是否能看見像德肖維茨一樣徹底改頭換面的學生？

要回答這個問題，我們應該先看一張照片（圖2-6），華頓問學生這張照片對於做數學習題有什麼樣的意義，並要學生從以下兩句話當中選出答案：

一、能夠幫助你培養解決問題的能力。

二、將數字輸入計算機，然後得到結果。

第一句話讓我們從更根本的角度去思考究竟爲什麼要學數學，第二句話則較爲直接，僅是從功能面來回答學習數學的意義。做了幾次測驗之後，貧民窟的學生開始慢慢地會選擇一，並改變自己對學習這件事的看法，於是研究團隊決定用更實際的做法檢視學生的改變。

那就是試著想像讀書時，在一旁放一支手機，如果知道對十幾歲的學生來說手機有多麼重要，就會知道這個實驗非常有趣，這樣的設定很快就能從潛意識的層面中，看出貧民窟的學生對學習這件事的根本看法改變了多少。

學生很可能是爲了迎合世俗的眼光而選一，但他們實際在讀書時卻無法將手機關機，對吧？

研究團隊想確認的就是這一點，在華頓的實驗當中，學生被規定要解很多非常簡單

圖2-6 詢問學生做數學習題的意義

的數學問題。

同時華頓也設計了一個環境，那就是他們可以隨時動用螢幕切換鍵，玩容易上癮的遊戲或觀看電影。

改變對學習觀點的貧民窟學生，在解非常無聊的數學問題時，展現出以下的研究結果：根據眞實的科學研究結果，比起解非常困難的數學問題，大量練習解開這些簡單問題的行爲，更能夠打好數學的基本功。所以解這些無聊數學題的行爲，對看到計算機圖片後選擇一的學生來說，一樣都是爲了實現自己的夢想所必經的過程，所以只要給學生時間，他們就會自動自發地去解題。

華頓偷偷記錄了那些執著於解題的學生的分心時刻，如果依照我們的預期，應該都會認爲這些幾乎沒有學習經驗的學生，會利用電腦的快捷鍵切換到遊戲畫面打倒魔王，但這些孩子卻不一樣了，他們突然開始認眞投入這些無聊的問題，這也讓我們發現，能在貧民窟學生的身上看見哈佛的種子。

更有趣的事情現在才要開始，華頓開始長期追蹤這些有趣的學生，得到一個令人驚訝的結果，第一次接觸到「可以改變」這個信號的學生，十人中有七人撐過了大學四年這段漫長的時間並取得畢業證書，各位要記得，這些學生的家長沒有人鼓勵他們進大學，同時也要知道這些學生過去幾乎與學習絕緣，是相當缺乏基礎知識的學生。

幾乎是從父母親的年代便開始與學校絕緣，在未來只能當低階工人的環境當中，這些孩子選擇遮蔽環境信號，展開一段與父母截然不同的人生。

那麼選擇二，從功能層面來看待學習的學生呢？這些學生認爲學習是爲了成績，一如我們預期，這些學生大多數沒能撐到大學畢業，成爲低階工人、流落他方，就像西格爾一樣。

我們現在不是去看學生的ＳＡＴ成績或是平時的學習分量等資料，而是只看爲這孩子種下如黑鑽般的耀眼信號之後所獲得的結果，而我們在這裡創造出了上千名德肖維茨。

這時候我們需要思考另一個問題，那就是這些人出身自貧民窟，也就是環境比一般人還要差勁，但這種極端的改變，卻相當容易出現，所以華頓的發現對於在中上位圈的學生，也會有效嗎？

華頓不可能沒想到這點，於是他與同事又規畫了另一個令人印象深刻的實驗。這次他們來到一所位於加州且排名中等的高中，那裡幾乎沒有靠學校補助才能吃營養午餐的學生，大多數的人在數學與科學領域都有超過平均的好成績，爲這些學生植入黑鑽，是否眞有意義？學生眞的能夠創造出黑鑽的啟示嗎？

華頓與他的同事以這群學生爲對象時，特別注意到一件事情：這些成績已經在平均以上的學生，不會輕易接受別人告訴他們「什麼才叫學習」，這會讓他們感覺自主性受到侵害進而產生反感。

尤其建立內在學習動機時，創造保障個人自主的內在動機非常重要，每個人的學習動機都不一樣，就跟每個人的黑鑽也都不一樣，不是嗎？

所以研究團隊小心翼翼地，用以下方式要求學生寫一篇敘事短文。

下面是引導學生找出個人超群目標的引導文，我們一起來讀：「要怎麼做才能讓世界更好？我們偶爾會覺得這世界並不公平，而每個人對於如何讓世界更好，都有屬於自己的答案。有些人認爲應該減少像非洲那樣有上百萬人因飢餓而死的情況，也有些人認爲必須消弭社會上的偏見，或是減少社會暴力與疾病的發生。我們所提出的答案，只是衆多答案中的一個，每個人都渴望不同的改變。那麼你認爲怎麼做才能打造出一個更美好的世界？」

華頓選中的學生透過這個活動，開始奠定自己的價值觀，那是哈佛的黑鑽會員尋找強烈動機讓自己進入華爾街的過程，他們也開始找到屬於自己的答案。

「我想成爲研究遺傳學的學者。透過這種方式生產更多糧食，希望能夠扮演一個有意義的角色，幫助許多因走投無路而餓死的人。」「在學校所學到的知識是用於理解在世界上生存的基本法則。未來我想成爲環境工程師，而『科學』能爲未來的職業奠定良好的基礎。我想要解決人們面臨的能源問題，以幫助世界變得更美好，我認爲這是有意義的事。」

不過先等一下，這種尋找個人價值的過程眞的有意義嗎？是不是該用這些時間多讀一點書？進入大學還是要看SAT分數，這些想法頂多也就只能用一頁的自我介紹篇幅帶過不是嗎？有需要爲此賦予這麼多意義嗎？

華頓與他的研究團隊並不這麼想。研究團隊觀察到，這種行爲的確會對成績帶來改變，而且結果也十分驚人。學生開始創造屬於自己的信號，且讓成績有意義地提升。

「這麼簡單的方法，怎麼可能讓學生的GPA成績有顯著的提升？」華頓自己也難掩對研究結果的驚訝。

傳統的思維都認爲，成績的高低應該取決於學生坐在書桌前多久，反而不會注意學習這件事在學生腦海中究竟點亮了什麼，但光是爲學習找到全新的意義，就足以改變他們的成績。

不過在另一方面，似乎又讓人產生別的疑問。追根究柢，我們都是一個個體，是自私的存在，這些個體能夠超越自我，爲了對社會做出有意義的貢獻而學習，究竟具備多少說服力？

觀察讀到哈佛大學四年級上學期還不知道自己該做什麼的學生，進到下學期便開始爲了進入華爾街傾盡全力，就能發現其實只要夠認眞，就能夠達到目標，不是嗎？我們不禁感到不安，刻意賦予學習意義、爲自己創造具備全新價値觀的信號等一連串的行爲，或許只是浪費時間而已。是不是該用這些時間多讀幾本書才對？畢竟世界上還是存在著許多即使不知道未來該做什麼，仍前仆後繼地進入美國常春藤名校的學生。華頓則更有意義地深入挖掘這個問題。

該如何擺脫學習帶來的厭倦？

目前爲止，華頓的研究中有一些令人印象深刻的地方，也是我們一定要注意的部分：即使賦予學習偉大的目的，讓孩子每天接觸具有全新價値觀的信號，他們仍不可避免地會在學習時感到厭倦。

德肖維茨雖然也脫胎換骨成爲全新的面貌，但同樣曾對學習感到厭倦，無論再怎麼從好的角度看待建立科學觀念、解數學問題等行爲，仍不免感到厭倦。

名留青史的數學家爲了偉大的發現，會經歷「一整天在紙上塗塗寫寫，將不要的廢紙丟進垃圾桶」這個過程，而要撐過這個過程卻十分困難。華頓從貧民窟找來的學生開始認眞學習之後，也曾經表示學習令他們厭倦，就連華頓本人也承認這件事。

「不幸的是在學習科學、科技、工程、數學技巧等有價值的技術時，通常都是枯燥且不愉快的。」但即便如此，學習仍是件有意義的事情，因爲貧民窟的學生能夠創造屬於自己的遠大目標與價值觀，有了更強大的鬥志以及在學業上自我控制的能力，這使得他們能在解數學題的過程中，與這樣的厭倦感奮戰到最後。

其實不需要刻意延長學習時間，或是爲了提高成績而折磨學生，貧民窟的學生身上一開始就擁有足以跨越這道阻礙的能力，每一個人都能夠將自己的學業能力提升到最優秀，就像心理學教授馬修．沃克發現的一樣，個人的潛意識會強力運作，使我們得以在「睡眠中學習」。學者並不在乎你至今是否這麼做過，他們在乎的是從現在開始，你是否會這麼做，改變都是從你產生想法的那一刻開始成眞的。

「研究結果發現，用心深入理解一個領域的學生，面對學術上的問題時，專注的時間會是常人的兩倍。」

就像哈佛大學的心理學家嘉納所主張的一樣，比起漫無目的地完成九個AP科目的優秀學生，深入鑽研一個科目的學生獲得的成就是他人的兩倍。依照他的主張，深入理解一個領域，並且在學習上找到個人的價值觀等行為具備特殊的力量。

來，試著重新思考前面提過的問題。即使不煩惱這些事情，還是有很多學生能輕而易舉地進入常春藤名校。讓我們試著找一群像切爾西這樣的學生，這些人即使不計較這類複雜的事情，仍因為天資聰穎、羅森塔爾的手指指著自己，所以能在學業上表現得十分優秀。

華頓開始以這些學生為對象進行另外一輪研究。為了維持他們高人一等的優越感、從名校畢業更方便找工作、獲得社會與父母的認同等等，華頓以具備這類自我中心動機的學生為對象展開研究，他將這些學生分為三組：

一、覺得學習沒什麼意義的學生。

二、學習時具備強烈自我中心的學生。

三、有學習目的，且對自己的領域有著真正且深入理解的學生。

華頓在實驗室裡發現的情況非常有趣。

若是擁有強烈自我中心的學生，雖然在一開始能製造推進自己的效果，但效果會隨著時間越來越弱，當對學習感到十分厭倦時，以自我為中心的動機將無法創造有意義的效果。當然他們回答正確的題目數量，雖比那些認為學習不具備任何意義的學生多，卻仍有其極限。這些學生就像在長距離馬拉松當中，一開始以快速向前跑，接著很快沒了力氣，慢慢被後面的人追過的跑者。

令華頓驚訝的發現是第三種類型的學生。這些認為學習有意義、有目的，且對自己的領域有著真正且深入理解的學生，可以持續忍受著學習過程中的厭倦感直到最後，他們的學業成績始終維持一定的水準，這些學生是長距離馬拉松當中，到終點前都沒有鬆懈的勝利者，華頓的發現讓我們擁有用不同角度看待世界的力量。一般人都是看學業成績、花費多少時間讀書，來評價學生的未來，但用這種方式思考卻會漏掉真正重要的事物。或許我們一直都對只有一開始用超快速度奔跑的學生，誤伸出羅森塔爾的手指。

心理學家維克多・法蘭克曾以兩千多位高中生與大學生為對象，實施大規模的長期研究，他透過長時間追蹤這些學生，觀察到馬斯洛的教訓是如何徹底改變這些學生，研究結果如下：「當學生在個人的學習過程中，產生了超越自我的『WHY』時，便能夠忍受解決無聊、棘手問題的『HOW』。」

他的研究結果可分成四個階段說明：

一、學生產生到最後都能面對無聊問題的力量，即使讓他們接觸能隨時沉迷網路媒體的環境信號，他們也能撐到最後。

二、幾個月之後ＳＴＥＭ*的成績提高。

三、即使面對無聊的考題，他們專注的時間仍至少是別人的兩倍。

四、在數學這一個科目上面，學生的成績提高了三十五％。

難道這眞的具有如此強大的效果，足以改變我們的內在嗎？華頓建議我們試著回答下面的問題，來找到上述問題的答案。

首先，假設你現在是警察、軍隊的儲備幹部，如果你認爲自己的職責是保護市民的安全更勝自己的安全，那麼你是否就能更主動地忍受這些挑戰人體極限的職業訓練？

再來試著想像你是電腦駭客，比起因個人目的而駭入系統搶奪錢財、重要的資訊內容，若是爲了防禦來自國家的攻擊而學習程式語言，身爲駭客的你是否會認爲自己在做的事情更有意義，投資更多時間？

再問一個問題，在火海中衝鋒陷陣的消防員，需要的是更高的年薪嗎？還是相信自己的職業具備崇高的價值？

我們是有意義的存在，但一直以來我們都把意義想得太膚淺，當我們認知到自己不再軟弱，獲得能夠透過專精的領域，讓世界變得更有意義等超越自我的信念與信任，同時也相信自己所跨出的每一步，全都別具意義時，就能在面對衆多迎面而來的環境信號時堅定不移，創造出更有意義的改變，那樣的改變能夠在安逸的黑暗中創造出更耀眼的光芒，就像貧民窟的學生們所看見的光芒一樣。

德肖維茨所掌握的深入理解的力量

德肖維茨成為哈佛大學教授的那天，他環顧了教室，裡頭坐著許多穿襯衫、打領帶的男學生，以及對法律有興趣的幾位女學生。在課堂上，當德肖維茨沉默時，教室便陷入靜默，當他開口時，便能聽見上百支筆振筆疾書的聲音，學生就像速記人員一樣，連德肖維茨一些小小的玩笑都完整記錄下來，哈佛學生就是靠著這種滴水不漏的努力，才能在所有科目拿到滿分。德肖維茨知道，哈佛學生手上那些厚厚的法律判例，在現實中一點用處也沒有。雖然學生能夠將案例背得滾瓜爛熟，信手拈來說出每一個判例的內容，但離開大學校園之後便沒有範例可參考，只能在實戰當中被各種激烈的審判嚇得啞口無言。

德肖維茨要求學生不要再做筆記，難道到了法庭上也要將法官說的話抄下來嗎？於是他要求學生像置身法庭一樣，專注且深入地聆聽刑事案件，將這些案件牢記在心，像

＊科學、技術、工程及數學四類學科的第一個英文字母組合而成，泛指理工科。

一個眞正的法律人一樣進行思考，並請法學院學生記住他的要求。

學生們開始感到不安。試著想像一下，你突然被要求停止抄筆記，並與哈佛的教授針對一件事展開激烈對談，會有多緊張？德肖維茨明白在面對哈佛學生時，必須摧毀他做爲教授的權威信號，唯有這麼做，學生才能夠相信自己，發表出比他更有意義的見解。

各位還記得德肖維茨是最年輕的哈佛教授嗎？面對這些年紀比自己更大的哈佛學生，德肖維茨卻因爲自己是「教授」而感到害怕。來摧毀這個信號吧！

德肖維茨刻意在說明訴訟案件時犯錯，詢問學生陪審團指示文說了些什麼，學生雖然擔心不知道能不能這樣回答，但還是舉起手：「教授，沒有陪審團指示文，訴訟在啟動陪審團機制之前就結束了。」於是德肖維茨露出自己犯錯的表情。

「啊，沒錯，你說的對。」消除了教授的權威信號之後，學生就不再抗拒與教授針對一個主題進行有智慧的討論。

但哈佛大學的學生還是有服膺權威的習慣，就好像他們身上掛著哈佛的頭銜一樣，這是德肖維茨的紀錄：「一位學生在課堂上討論刑事案件時，經常爲了證明自己的主張，使用『哲學家康德說……』或是『哲學家黑格爾說……』等方式，來讓自己的說法更具說服力，同時也能藉著這些權威者所說的話來保護自己。」

後來有一天，那位學生又以「哈佛大學教授諾齊克說……」為開頭，德肖維茨便立刻把諾齊克教授請到教室裡來。諾齊克低頭看著那位學生說：「你完全不了解我的哲學，就借用了我的哲學。」當場給他難堪，從此之後，那位學生便不再用權威人士所說的話做為開頭了。

現在讓我們忘記權威信號，進入深度理解的空間，德肖維茨嘗試引導哈佛學生深入思考「西格爾為何會製造炸彈」等問題。

西格爾為何製造炸彈？為什麼曾經置身於同一個教室的德肖維茨，成了哈佛史上最年輕的教授，但西格爾卻成了恐怖分子？這個故事並沒有記錄在與哈佛相關的崇高美談當中。

如同我們所看到的，兩人接收到截然不同的信號，成為截然不同的兩個人。為了更深入理解這一點，我們必須再去理解波洛公園本身貧困到無以復加的經濟狀況，以及該社區的社會是如何影響德肖維茨與西格爾的成長，同時還有心理學與建構他們人格的人文學等等。

唯有這麼做，才能完成西格爾案件的拼圖。

如果要從只參考過往判例與法律條文就做出裁判的法官，和從不同角度對案件進行深入理解再行裁判的法官中選出誰比較偉大的話，你會選擇誰？

哈佛之所以享有崇高的美譽，是因為他們對過往判例與法律條文的完美理解，但比起面對成千上百的判例，像從零開始一樣針對「一個主題」進行深入理解，似乎是更有意義的過程吧？

德肖維茨將這樣的教訓帶進哈佛，哈佛法律新聞也開始刊登與德肖維茨有關的文章。

「他的刑事案例課完全不像過去的法律課程，比起抽象的上訴裁定文，德肖維茨反而要求想成為律師的學生去讀人類學家瑪格麗特．米德研究的人文學資料。在確認刑事訴訟的應對處理過程中，他也要求學生去聽醫學研究，或是教宗以道德為題所做的演講以幫助理解案件。比起為犯罪做明確的分類，他反而要求學生閱讀研究美國男性性生活的金賽報告。」

德肖維茨要求他們對案件做深入的理解，讓哈佛學生感到很不自在，曾經就有畢業生透過哈佛大學新聞批評德肖維茨：「德肖維茨教授是法學院當中與現實脫節的典型人物。」但哈佛畢業的法律專家，卻責備學生膚淺的見解：「最年輕教授德肖維茨帶進哈佛的深度理解力量令人驚豔，透過像他的做法，能夠為法律界創造最有意義的改變。」

不久後《紐約時報》便評論德肖維茨是「來自哈佛的一股清流」，當然《紐約時報》一開始也刊登了許多學生的不滿，他們大多都是積極閱讀傳統法律判例，只想盡快取得律師資格的人，但後來《紐約時報》也開始偏向德肖維茨。在將只懂得瘋狂抄筆記、背誦，渴望獲得好成績的哈佛學生，打造成懂得像法律人一樣思考的耀眼黑鑽這點上，德肖維茨開始獲得認同。

讓我們再次回到西格爾的案子上。爲什麼德肖維茨會成爲法律人？令他有如此強烈轉變的力量爲何？

德肖維茨曾自己回答過這個問題：「美國的刑事裁判對像來自波洛公園這種貧窮環境、學歷不佳的人，以及少數族群十分不利。不過現在之所以還能夠體現粗糙的形式正義，也是多虧了現在的審判過程採行辯論制度。也就是說，每一位被告人都能夠對抗檢調與政府，我認爲辯論制度在審判過程中至關重要，我認爲自己在審判過程中爲犯了罪、受社會批判的嫌犯辯護，甚至讓部分人士獲得無罪判決，都是這個社會對我們所享有的自由所需付出的小小代價，這也是我支持審判過程中必須要有辯論制度的原因。我不是爲了錢才爲他們辯護，哈佛大學教授的身分令我生活無虞，我爲這些人辯護是爲了更遠大的目標。試著想像一下這些有罪、受千夫所指的人，需要面對剝奪他們爲自己辯護之基本權利的司法制度！」

政治社會學家約翰・R・拜爾記錄：「德肖維茨爲一般律師視爲燙手山芋、被大衆所憎恨的犯罪者奔走辯護到最後一刻，是因爲他一直以來都相信無論對方有沒有錢，到最後一刻都必須要保障司法制度賦予被告的辯護機會。」

在高中時失去最基本的學習權利、被師長所忽視的學生，如今正將最有意義的光芒帶進法律界。

4 來自哈佛的全新風潮

——人人都能創造充滿可能性的信號。

哈佛大學無法解決的事

一九五〇年代後半，華爾街即將成爲現在的華爾街，自一七九二年少數證券經紀人開始在華爾街針對金融進行協商之後，花費了一百五十年的時間才讓這個地方成功變身成爲左右數億至數十億人口未來的資本主義場域。活躍於此處的人們，手中握有的金額龐大到活在一八〇〇年代的人無法想像，而錯過這一整段黃金時期的，則是過去曾經爲奴隸的黑人。

哈佛大學是機會之窗，錄取黑人學生的比率也提升不少，但還是會遭到校內成員強烈反對，被批評是「讓黑人進入哈佛就讀，就像是教盲人學會如何開飛機一樣」，而看到這個現象的社會學家，便將此現象歸納爲「黑人仍被認爲是智能較低下的信號」。

哈佛試著接納一直接收到自己智能低下信號的黑人學生，嘗試讓他們接觸到全新的信號，但黑人學生卻從同學年的團體接收到類似以下的信號，有公開紀錄的信號共有一百多種，例如：

「以黑人女性來說，妳算是很聰明的。」

「我從來沒看過黑人有過這麼高的成就。」

「我的名字叫莫妮卡（Monica），跟形容你的『黑鬼（nigger）』不一樣。」

「你也想像我們白人一樣嗎？」

「因為你天生就是黑人，所以才能輕易進入哈佛，生為少數族裔真是運氣好。」

「我不想看到其他膚色的人種。」

「你看得懂專業書籍嗎？」

「Incognegro。」

最後一個英文單字是社會學用語，意思是「因爲是黑人，所以習慣從事低等工作以符合黑人群體」。其他哈佛學生，會小小聲地對戴著黑色粗框眼鏡的黑人學生說「Incognegro」，意思是要他們滾回屬於自己的地方去。

接收到這些低等信號，最後就只能待在社經地位較低的位置嗎？許多哈佛大學畢業的黑人學生，至今仍然是不受華爾街等地歡迎的人。

社會學家麥克·賈迪森在二〇一一年發表研究論文〈學歷社會的歧視〉，其中記錄他的研究團隊追蹤華爾街企業如何錄取哈佛畢業的黑人與白人學生，調查結果顯示，哈佛大學畢業的白人就業率最高，但黑人或亞洲人等有色人種，即使是自哈佛畢業卻也被認爲只有州立大學畢業的程度。

賈迪森歸納出一個結論，那就是這並非哈佛與非主流大學的差異，而是面試者的人種膚色決定他們畢業後的人生。

「只靠哈佛大學的學位，仍無法讓黑人學生塔庫安跟平凡的白人學生一樣，獲得企業正面的回饋，這顯示了最頂尖的教育仍有其極限。」這證明即使是培養全球菁英人才的哈佛大學，在給予黑人機會這件事情上也是失敗的。

針對這個問題，社會學家在哈佛的角落，捕捉到一個微小但卻十分耀眼的信號。社會學家在哈佛的教室裡訪問一位黑人學生塔庫安，他很清楚自己周遭的信號都在說些什麼，但他的眼神卻透露出與周遭閒言閒語不同的信號。

「身爲黑人這件事對我來說是一種『信念』，是我們對看不見的事物具備『可能性的信念』，也是我們從被美國與哈佛這兩個主流社會所忽視的地方、靜靜竄起的希望根源，我想透過這樣的信念傳達我的想法。」他的眼神十分堅定。

「即使身邊的人看來，都會覺得我實在不適合讀哈佛大學，但我選擇遮蔽這些信號。面對嘲諷與懷疑的信號時，我仍然認爲自己有價值，是有意義的存在，堅信在偏遠地區仍能夠有新的開始，進而照亮未來的新希望。」

社會學家開始對這個在哈佛展開全新人生的群體，進行更深入的研究。

新信號所創造的力量

社會學家阿隆森以四十二位史丹佛大學的黑人學生爲對象，展開了「信號實驗」。在認識阿隆森之前，我們已經在前面的章節看到佩德羅亞、季辛吉與卡拉揚，帥氣地創造個人信號的瞬間，但那難道是擁有超群意志力的少數人才能有的特別故事嗎？若要回答這個問題，就該來學學如何創造信號，一起跟著阿隆森的實驗試試看。

他將史丹佛的黑人學生分爲兩組。

他告知其中一組的學生，智力在某種程度上是與生俱來的，並告訴另外一組學生智力可以靠後天提升。不過就像閱讀老套的自我啟發書一樣，要這些早就知道智力能夠靠後天提升的黑人大學生相信這些說法，看起來實在是有些天眞對吧？畢竟他們已經在以白人爲核心運作的矽谷，嘗遍低人一等的感受。

阿隆森讓這些史丹佛黑人學生，帶領著一群夢想進入史丹佛就讀的國中生，黑人學生開始對與自己相同膚色的國中生，傳達「你的數學能像亞洲人一樣好」的信號。對似乎能夠在饒舌上有更好表現的學生來說，讓他們接觸數學習作本其實是個很有意義的信號，也使他們知道即使現在成績不夠好，還是能夠與該信號對抗的這一點，其實就是在孩子心中種下具有可能性的種子。

阿隆森靜靜地追蹤這些學生。史丹佛的學生單純認爲他們只是爲了擔任中學生的導師來到阿隆森的研究室，但其實阿隆森正悄悄地研究他們。有趣的是，與相信智力與生俱來的團體相比，將「智力可以靠後天提升」這個全新的信號傳達給國中生的黑人大學生團體，在成績與學業專注力的表現上漸漸地越來越好，

這是一個溫柔但卻十分強大的信號。阿隆森默默將佩德羅亞的種子，種在黑人大學生的心中，像佩德羅亞那樣死守著被遮蔽的信號，很可能只有少數人才能擁有的堅強意志力。

但人人都能創造充滿可能性的信號，而這個可能性的信號也像阿隆森的主張一樣，會「依照自己的經驗展現並強化」。

當然，哈佛的黑人學生看起來或許比不上白人學生，但他們仍然抬頭挺胸地站在全世界競爭最激烈的哈佛大學校園裡，哈佛黑人學生不需要被白人哈佛學生抱持的低人一等信號所汙染，他們自己就已經夠令人佩服了。

華爾街最令人印象深刻的面試

畢業於哈佛，頂著一顆光頭的男學生雷蒙．馬奎爾，正要去參加華爾街首屈一指的波士頓第一銀行面試。除了他有一顆光頭、是個黑人以及畢業於哈佛之外，面試官沒有從他身上發現任何特殊的優點或缺點。休息室裡，西裝筆挺且同樣是哈佛畢業的白人面試者正排隊等待，面試官心裡也想盡快見下一位面試者，馬奎爾知道自己闖入了格格不入的白人世界，這是什麼樣的光景？

一位社會學家紀錄：「像黑人這樣的有色人種，無法在白人社會中相對保守的華爾街掩飾自己的出身，即便畢業於知名大學，仍會因爲膚色，不被青睞，被認爲是能力較差的面試者。」

面試官面無表情地看了看馬奎爾的哈佛畢業證書，接著開口說：「你必須在五分鐘之內，說服我爲什麼要接納你進入華爾街。」

「能不能簡單給我個方向，讓我知道該如何回答呢？」

面試官已經露出他不合格的表情。

「不行。同學，你現在只剩四分四十五秒。」

接著馬奎爾毫不猶豫地回答：「如果我從哈佛大學、哈佛法學院，以及哈佛商學院畢業，那就能拿到最好的面試分數吧？而我不僅完成了這一切，更是以第一名之姿畢業。」

面試官對這位光頭黑人學生的自信不以爲然。

「從你口中那了不起的哈佛商學院畢業的學生，有一半以上都想取得我們公司提供的職缺，你再說說看我們爲什麼要錄用你？」

接下來，二十三歲的馬奎爾所說出的答案，成了數十年來，讓所有華爾街志願者無法超越的名言。馬奎爾的回答，代表他對華爾街的競爭本質有著非常深入的理解。

「如果我是你，在華爾街這個競爭激烈的地方，比起讓我這樣的面試者進入競爭對手的公司，更應該會選擇讓我加入，和你們一起並肩作戰。若你不錄取我，那就是讓你的公司成爲他人瞄準的目標。」

面試會場陷入短暫的沉默。排在馬奎爾後面的所有哈佛白人學生都被趕出去，而他隔天便立刻到華爾街上班。

馬奎爾並不是一位頂著光頭、畢業於哈佛的黑人學生，而是爲了征服華爾街，花費很長一段時間等待的一匹黑狼。雖然他的外表、第一印象，都與切爾西這種在美國中西部長大的菁英學生不同，但掌控波士頓第一銀行的頂尖白人菁英布魯斯·沃瑟斯坦與佩雷拉，在創建新公司的時候都沒有忘記邀請馬奎爾合作。

馬奎爾理所當然地坐上掌管華爾街大型金融組織花旗集團的大位，也成為黑人歷史上首屈一指的華爾街男子，《紐約時報》以「穿著得體的紳士」形容馬奎爾，他家中收藏了大量且無法實際換算成金錢的昂貴名畫。

馬奎爾如此記錄自己拿著熱騰騰的哈佛畢業證書，準備進入華爾街的時刻：「雖然我最明確的目標，就是希望黑人能夠征服由適合白襯衫的白人所創造出的優越華爾街，但同時這也是最難達成的目標。即使畢業於哈佛的黑人進入華爾街，也沒有能夠帶領他們的前輩，那些綜合證券公司完全沒有想過要給黑人與白人同等的機會。」

馬奎爾帶動的歷史改變，讓人想起佩德羅亞的球棒。一位傳記作家在他掀起這股旋風之後，開始撰寫黑人的華爾街回憶錄，他如此記錄：「馬奎爾以黑人之姿，使用最正統的方式，粉碎了華爾街堅固的歧視高牆，他甚至被認為在這個領域中，具備最出色的能力。」

馬奎爾對黑人在哈佛必須接收到的一百種信號沒有任何反應，只因為他是黑人，他就必須要畏畏縮縮，這難道不可笑嗎？當他能夠冷靜地重新評價這些信號時，那些就成了沒有價值的信號，為什麼他必須要因為這些信號，而使自己失去光芒？

人人都能夠擁有自己可以成為頂尖分子的信號。對一個領域的深入理解，則能夠打穿最保守的集團高牆，令全新的種子發芽。

一起來讀讀下一段例子。進軍華爾街的一個黑人家庭，讓他們的孩子學會如何將巴菲特和喬治．索羅斯的海報貼在牆壁上。

「我從小就覺得數學計算非常有趣，但它不僅是個興趣，徹底改變我人生的，是我很早就因此對華爾街產生興趣。我父親在華爾街工作，我會拿著他的公事包搭電梯上樓，放在他辦公用的書桌上，然後幫他整理文件，這樣我就能獲得五美元，雖然這些在華爾街被認爲是瑣事的工作看起來可能很無趣，但從小就有機會在華爾街體驗這些事，帶給我很大的影響。後來法蘭克．雷尼斯和傑夫．罕伯等銀行家都告訴我，他們『一直到大學畢業都還不知道什麼是投資銀行』，那時我才發現原來自己從小開始累積的經驗與熱情具有極高的價值。」

他知道像切爾西這樣，大學一畢業，就立刻投身華爾街的學生有多麼令人感到惋惜，而他決心成爲華爾街最有意義的人才之後，創造了長達二十多年的間隔效果，並留下了這樣的紀錄：「我從小就嘗試了解華爾街是個怎樣的地方，對我們黑人來說，那裡也是擁有無限可能的地方。」

讓我們重新關注信號帶來的力量

讓我們回到克勞德．史提爾的研究室。令人意外的是，留著短髮、戴著金邊眼鏡，有著英挺外表的國際知名心理學家史提爾其實是位黑人。雖然父母希望他讀到高中畢業就去工作，要他當個普通的黑人，但史提爾的目光卻向著大學。當他顛覆了所謂普通的發展曲線時，他還得對抗「來看看這孩子究竟是不是認眞的」這樣的信號，不過就跟法拉第一樣，史提爾也有著超群的意志力。

但有件事情很奇怪，史提爾身邊的學生只要接觸到一次「不行」的信號，之後無論如何努力嘗試拓展自己的學問之路，仍無法再度振作起來。一次的信號，便像利貝特的實驗室一樣將學生壓垮，史提爾在自己於常春藤大學發表的研究結果中曾這樣說：「無論是對哈佛、史丹佛，還是任何一所大學的學生來說，這樣的信號都有效。」

我們能在任何地方發現信號的力量，雖然位處頂尖的學生看起來就像只要努力，便能輕鬆登頂一樣，但其實背後還有令他們付出極大努力的信號存在。

爲了揭露這個眞相，獨自畫出全新的曲線，嘗試在白人社會中登峰造極的黑人史提爾，便獻上自己的一生來證明信號的力量。如同史提爾所發現的，在黑人社會中，若有黑人學生的數學成績不錯，周遭的學生和教師都會這樣反應：「你可能是亞洲人投胎。」這是多麼錯誤的信號？即使亞洲人之間彼此做數學比賽，也會有很多人鎩羽而歸。現在必須開始對抗這些爲自己畫地自限的錯誤信號了。

我們找來一群希望之光已經熄滅的學生。前面已經透過這本書，深刻理解到當遮蔽負面信號，對一個領域進行最深入的理解時，就能產生多麼了不起的力量。並不是只有從周遭接收到正面信號是最好的，雖然社會能夠非常快速地篩選出一位英才，但只要這樣的信號稍有動搖，就會像切爾西一樣，從擁有上億年薪的選手，淪落到必須將自己的冠軍獎盃拱手讓人。因爲成長過程中若只接收到正面的信號，就絕對無法培養出忍受負面信號的能力。好似在嘲笑切爾西的哈佛黑鑽學生們，未來雖然仍然一片光明，但他們也並非這個世界的主宰。

在職業棒球專家眼中，佩德羅亞是個連候補都排不上的糟糕選手，他們絕對沒有想到這個絲毫不在乎負面信號的矮胖選手，會以超級巨星之姿閃電登場，徹底粉碎他們充滿負面評價的報告。

與畫出平滑的成功曲線、優雅地長大成人的他們不同，佩德羅亞和季辛吉這樣的人擁有遮蔽的力量，讓他們能夠從兇猛的大海中再度振作起來，讓我們重新關注這個力量。

那力量並非是由與我們截然不同，擁有什麼特殊才能的人才能創造出的力量，而是對社會信號十分敏感的我們錯過的力量。像A.C. 這種先天就對社會所丟出的負面信號沒有反應，智能低於平均的自閉症人士，卻擁有最引人矚目的才能；連字都讀不好的傑克・霍納，卻為古生物學的歷史開啟了新篇章；保羅・塞尚甚至被朋友嘲笑智能低下，但他卻還是遮蔽一切外來的信號，傾注自己所有的才能畫出全世界最昂貴的畫作；卡拉揚進到小屋，想像著對他來說最重要、最獨一無二的指揮棒，留下音樂史上無法抹滅的指揮作品。我們發現，才能的種子並不只容許少數人擁有，而是「廣泛地存在」。

在我們所生活的現代，人們究竟什麼時候才能對此有普遍的認知？面對這個問題，我們必須回到羅伯特・B・馬克斯不願承認，僅靠街頭生活經驗的普通自學知識分子，便開創出工業革命的時代。應該在當代發光發熱的菁英，卻埋頭於拉丁文與古代經典，因而無法創造出偉大的革新，歷史才會說那是一個「學校教育反而為扼殺創意做出貢獻」的悲劇時代。

不看當代菁英，而是仔細觀察當時的普通人之後，便能在街頭看見眾多相信「世上根本不存在天才，若有人創造出令全球矚目的成果，肯定是因為他努力追求一個實用目標」的自學知識分子，也多虧了他們改變世界，如今才有汽車在路上奔馳、蘋果也才能在矽谷發光發熱。

從結論來看，早在今天這樣為大學排序，且讓學生熟悉這些排序的信號之前，這些沒有學籍的普通人就已經完成了現代化需要的所有創新。目睹這一切發生的知名教育家肯·羅賓森警告，當所有信號都集中在工業革命之後，爲培養菁英而系統化的大學教育之中，我們是否正在錯過什麼？未來的歷史學家會不會這樣評價我們：「學校教育反而爲扼殺創意做出貢獻。」

比起要求切爾西要十個科目都表現得很好，現在更應該要求他對一個科目有深入地理解，並告訴那些再也無法畫出平滑成功曲線的孩子，能夠畫出一條新的曲線，我們已經成功透過兩千多位來自貧民窟的學生驗證這一點，現在該是讓更多孩子知道這個事實的時候了。

最後，信號的力量十分強大，足以讓屬於同一個團體、坐在同一個教室裡的兩個人，在日後有著成爲恐怖分子與哈佛最年輕教授的天壤之別，理解這個信號的同時，若能再搭配對單一領域的深入理解，我們便能夠找到另一個新的黑人學生塔庫安。

一直以來我們所定義的黑鑽，雖然都是哈佛大學學生所創造的詞彙，但這同時也是代表在不毛之地非洲，經歷全新成長過程的人們。我們現在也終於了解，慢慢接近我們腳下這條路最根本的本質，就是讓過去不曾被看見的黑鑽發光的方法。遮蔽一切、邁向最重要事物的瞬間，那道光芒就會變得最爲閃亮。

後記
遮蔽讓你畫地自限的信號

傳承自祖父的夢想

一九二七年四月二日，慶北禮川的一個小村莊發生一件喜事，一名看上去宛如少女的年輕女性生下了一個兒子。在這個教師家庭中，父親一直殷殷企盼著能有一個聰慧的兒子，但兒子出生才沒幾年他便因意外去世，瞬間成了寡婦的女子，開始爲養活兒子拚命工作，她臉上的表情沒有太多悲傷，更多的是想讓孩子活出全新人生的義務。在這小小的村莊中，讓孩子見識到廣闊世界的方法只有教育。

自此以後，禮川的人們便經常提起這個孩子，人們口中的他並非自幼喪父，而是將要走進廣大世界的孩子。

當一個家庭將所有機會都投注在一個孩子身上時，這個孩子會如何變化？跟父親像從同一個模子裡刻出來似地，這個孩子時時刻刻緊抓著書，也使得母親將所有的財產投資在教育上。

孩子理解母親的迫切，也到了慶北禮川的人們無法想像的中國、日本留學，學成歸國後選擇進入韓國最好的大學。這孩子面臨一個選擇，若他只是個在禮川平凡長大的孩子，肯定不會有機會遇到這些問題，正當他苦思哪個才是最好的選擇時，韓戰爆發。轉眼間他被徵召入伍，在戰場上，他的耳朵被子彈射中，雖幸運撿回一條命，但此後卻幾乎聽不見了。

幾乎喪失聽力後，父親的陰影再次籠罩著他。

最耀眼的人生在眼前化爲泡影，以自己的身體條件與學歷，能夠申請從事的職業只有學校教師而已。命運向他開了一個玩笑，讓他只能走上父親曾經走過的老路，母親看著他的遭遇也只能隱忍悲傷，暗自落淚。

雖然人生遭遇挫折，但曾經短暫見證新世界的孩子學習到教育的力量，不知不覺間到了足以成家的年紀，他的妻子同樣也是一位教師，就在某天不經意地看了看鏡子，發現自己已經漸漸老去時，才注意到他的孩子也選擇成爲一位數學教師，這個三代都是教師的家庭建立起一個教師世家，一直到一九八〇年代又有新的生命降臨。

三代都是教師的家庭，提供孩子所有教育上的機會與資源，雖然環境與首爾市中心的富裕人家相去甚遠，但這些孩子卻能在慶尙道的山溝裡，盡情地享受自曾祖父那代傳承下來的學術氛圍。

父母對孩子在學術上的成就十分關心，而孩子們也都有能夠畫出超越平凡曲線的優秀能力。最早出生的孩子能夠進入首爾大學，之後的孩子也都可以穩定考進全國最高學府，孩子們可以不必再繼承家族傳統成爲教師，傳承三代之後，孩子們終於能夠實現自己祖父所夢想的世界，但眞的是這樣嗎？

教育信號減弱的瞬間

密西根大學的多里斯研究團隊曾研究父母對學業期待，會對孩子的數學成就有什麼影響，他們發現的結果並沒有和我們所認知的差距太大。

每對父母都希望自己的孩子較有才能，較有才的孩子就能獲得較好的數學成績，沒有才能的孩子則必須更加努力以彌補這份不足，所以更有才能的孩子，自然會背負更多父母在學業上的期待，但也獲得更多資源，不過多里斯研究團隊從這些平凡的事實當中，發現更重要的事。

其實即便孩子有著特定才能，但若沒有這項東西，那便注定失敗。父母在預測小孩將來的發展時，通常也會考慮到這個部分，那就是孩子有多麼「努力」。

從這點來看，我們剛才說的那個禮川家庭所創造的努力種子，就是很值得關注的部分。兒女比任何人都了解自父母傳承下來的努力價值，若教育學家拜訪這些孩子的家庭，並進行深入地調查，一定會發現這些家庭能帶給我們的啟示都差不多，那就是「努力」確實扮演重要的變數，影響這個孩子成功與否。

不過如果用努力來解釋世上所有的成功，那麼我們將無法完美解釋爲何即使用心在禮川這塊土地上灌溉，仍然有幾個孩子無法如預期般成長。當教育學家將注意力都擺在努力上的時候，他們遇到一個令人感到棘手的小孩。跟著教育學家一起到這個父母都是數學教師，但子女卻在數學遇到困難的矛盾環境中去深入了解吧！在禮川傳承下來的特殊努力種子上頭，開始出現小小的裂痕。

種子開始龜裂的時間點，大約是二〇〇〇年九月。在這個三代都是教師的家庭裡，一個個頭矮小、有著圓滾滾的臉頰，剛從國中畢業的男學生，爲了準備進入高中而首度打開數學課本，孩子很快在學校的考試中拿到滿分，數學教師世家也越來越期待這個孩子展現該方面的才能。

「我是教師，孩子我會自己教，不需要讓其他教師來。」

這位黝黑臉孔、眼神銳利的高中數學教師，曾經培育出許多參加數學奧林匹亞競賽的頂尖學生，他帶著自信滿滿的表情要求自己的孩子坐在書桌前，開始學習超出學年進度的困難數學題。他簡單說明了概念，便要求孩子開始解高難度的練習題，但兒子卻跟不上他的速度。

當你接觸的一直是程度最好的學生，然後發現兒子與你預期的最高成就曲線還有一段落差時，他便會瞬間淪落爲不可能有任何學術成就的孩子。經過幾天的努力後，這位數學教師認爲在兒子身上找不到能參加數學奧林匹亞的種子，於是他便對孩子大吼大叫、撕破他的數學課本，變成碎片的課本尖銳地刺在兒子心上。

「你不要到外面說你是我兒子，因爲你根本沒有數學才能！」

他瞬間以滿是恐懼的眼神看著父親，當時，從父親的眼神中第一次接觸到懷疑自己數學才能的信號，而這個孩子仍然記得那個時刻，這使他意識到，所謂的信號在努力面前都只是詭辯，但那個空間裡，確實存在著首次接觸到的信號，那就是「數學並不是我擅長的領域」。

我們應該在這個時候稍微停下來。這位數學教師花了三個月的時間，固執地給自己的孩子進行集中式的教育，這其實是不對的，因爲在這三個月接近尾聲時，他便幾乎失去了對數學的信心。緊接著便是高中入學典禮，在人人都視爲機會之窗的高中校園裡，他的成績卻每況愈下。

數學的排名等級一路從三級、四級、五級持續下降，雖然越是如此，他就越努力地想坐在書桌前學習，但學校也已經認定他是個不會讀書的學生，這是信號的惡性循環。當然，若每個學生都以此當作成績變差的原因，那其實就只是在爲自己不努力找藉口，我們還是得看孩子是否努力。如同多里斯研究團隊發現的一樣，沒有才能的孩子仍然能透過努力克服困境。

但對前例的孩子來說，除了努力之外，他並沒有接觸到任何與學習有關的正面信號。三年來每天只睡五小時，其餘時間都在用功念書，令人意外的是，他沒有獲得任何成果。從小最擅長數學的他，數學成績從某一刻起開始一落千丈，後來也一直維持著悲慘的分數。

透過這個例子我們能夠確定，多里斯研究團隊對才能與努力的描述，絕對不是事實。只要給孩子適當的機會，那麼他們也會知道要咬牙努力到凌晨兩點，因爲孩子都很擔心自己坐在書桌前讀書的時間比別人少，如果我們不只憑成績單來評價孩子付出的努力，那麼他們肯定能成爲最經典的傳奇，但這孩子的成績自二〇〇〇年九月之後，隨著成功曲線的下墜，成爲我們一直以來深信的成功公式中，最令人感到陌生的例子。

這位來自禮川的數學教師，直覺意識到某些事情不太對勁，於是在下一個孩子成長時，不再針對學業發出任何信號。

這是他所學到與信號有關的教訓。兒子的妹妹就像過去從未發生過任何「意外」一樣，盡情地揮灑自祖先傳承下來的才能，數學一直維持滿分的成績，並且一如預期地考進最好的大學。在這個以正確的努力與機會，灌溉遺傳種子的教師家庭中，在數學上傾注最多努力，但數學卻最不好的哥哥與他擅長數學的妹妹，成了十分特殊的存在。

「哥進高中之後就整天都在讀數學，但爲什麼成績會越來越差？」

作業記憶力與數學分數的關聯性

密西根大學的托馬斯．卡爾研究團隊在二〇〇五年發表了「有才能者失敗的起點」這個研究結果。在卡爾的研究中，令人印象深刻的是即使努力與才能並重，卻仍會遭遇失敗。無論怎麼努力、再怎麼有才能，只要接觸到一次的「負面信號」，該信號就會將學生的努力與才能，壓低到無法恢復的水準。

首先，卡爾爲了測試「信號」的力量，將參與實驗的密西根大學學生分爲兩組，他讓第一組學生跟平常一樣解數學題，並讓第二組學生接觸到「你的數學可能不太好」的信號。

不同於第一組學生，卡爾讓第二組學生知道他們的分數可能會比較差，同時告知會將他們解題的模樣錄下來，交給教授或數學教師做專業的評價。

能進到密西根大學已經可以說是相當優秀的學生，但卡爾卻刻意創造讓學生對個人努力產生疑問的環境。當然，在這個情況下我們一定會想起多里斯研究團隊的發現，第二組學生已經兼具才能與努力，卡爾卻在這時丟出他們可能不行的「信號」，這個實驗看起來似乎沒有太大的意義，不過結果如何？他獲得了意外的結果。

他從研究結果中發現，第二組學生的成績卻在瞬間一落千丈，令人感到荒謬無比。在這時候，多里斯研究團隊主張的才能與努力的變數，就變得沒有意義。讓我們多了解一下卡爾研究造成的成績變化，可以從中找到更特別的事情。

第二組成績下降的學生，其實在面對一些簡單的數學問題時，即使接收到負面的「信號」，成績也沒有任何改變（圖3-1），但遇到高難度且複雜的數學題時，卻能觀察到成績明顯下降的狀況。

爲什麼在解高難度問題時會被信號影響？心理學家試圖從我們的作業記憶力尋找問題的解答。

全球的心理學家都在實驗室裡，觀察到負面信號會瞬間使我們腦中作業記憶力降低的現象。作業記憶力與才能有密切的關連，作業記憶力越高，越能夠以高層次的思考方式，廣泛地思考數學問題，但當學生接收到自己不善讀書的信號，作業記憶力便會一如預期地降低，卡爾實驗的學生成績證明了這一點。

圖3-1 負面信號帶來的成績變化

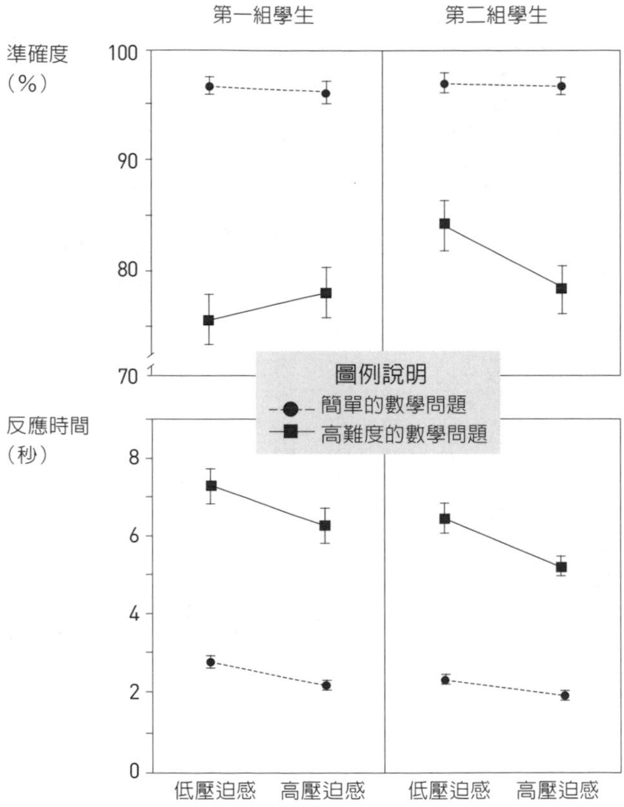

擁有高水準作業記憶力的學生，接收到懷疑自身能力的「信號」，再去解數學題的時候，成績便再也無法像過去一樣。

卡爾研究團隊終於發現，「信號」比起努力與才能更爲重要，這對我們來說究竟代表什麼意義？當我們依照成績安排學生就讀的學校、以排序的方式分配他們該進入哪些大學時，孩子們便會接收到全新的信號。當孩子進到外縣市較不知名的大學時，他們會鎖上門，讓自己困在那個信號裡。而進到最頂尖大學的孩子，則會認爲這都是靠自身的努力與才能。當他們這樣包裝自己時，其實社會與學生都錯過了最重要的事情：我們爲了極少數的學生，犧牲了大量有才能的學生所發出的信號。

現在再讓我們回到禮川的田園中。身爲數學教師的父母，花了三個月的時間觀察孩子解數學題的模樣，他們對他有太多的期待，卻也太快對他感到失望。而孩子吸收了這個信號，就像卡爾實驗室裡的學生一樣，數學成績逐漸從一百分慢慢變成九十分、八十分、七十分，這實在很奇怪，他坐在書桌前的時間只增不減，更全心全意地努力讀書，分數卻再也無法提升。這孩子處在無法只用才能和努力來解釋的狀態中，他在數學方面很有天分，甚至曾在數學比賽當中得獎，但在二〇〇〇年九月接收到那個信號之後，分數便再也無法恢復。

孩子的作業記憶力變得一塌糊塗，在傳承三代的教師家庭，即使公平地對每個孩子播下機會、才能與努力的種子，但仍有一棵無法成長茁壯的樹，那個家中唯一就讀大學夜間部的孩子，感覺自己的一切好像都結束了。

在死亡之前發現的事

二〇〇五年十二月十二日晚上九點，首爾一棟老舊公寓的屋頂上，出現一個超過一百公斤、身軀龐大的短髮男學生。他進入電梯，按下通往頂樓的按鈕，思考著希望生命就此結束。屋頂的門一開，刺骨的風像是在甩他耳光、催促他下樓一樣，但他認爲自己已經沒什麼好失去的了。

少年的手中，握著過去十年的成績單與不合格的文件，那彷彿是在評價他過去的人生有多麼荒腔走板，那些單據對他來說就像無論怎麼努力都絕對無法改變的複雜命運。其實他也有苦衷：他有閱讀障礙。所有的學科成績都一塌糊塗，雖然在教室裡付出了同等，不，應該說是付出了超越常人的努力，但爲什麼人生卻不能公平一點？這個問題的答案在此刻變得一點都不重要。

如同預告的一樣，少年一躍而下，不，如果他眞的一躍而下，那麼這本書便不會存在了。

我當時眞的想死，也眞的是整個完美社會體系中的失敗者。

禮川流傳著我祖先時代的故事，而我就是那棵擁有了所有機會與才能的種子，但卻唯一沒能成長茁壯的樹木。二〇〇五年，卡爾研究團隊在實驗室裡重現像我這樣的人，探討他們究竟是在什麼時候被擊垮。當時我正想要整理自己的人生，從屋頂一躍而下離開這個世界，但這眞的就是全部嗎？

若你沒有經歷過臨死前的瞬間，那麼請你專注聽我的話，我在死前所體悟到的教訓就是：「一切都將回歸於無。」

哈佛大學哲學系教授諾齊克也認爲，「無」是讓「所有存在變得面目全非、什麼也不是的力量」，我方才經歷的死亡瞬間，其實也是歷經讓一切事物消失的「無存在」瞬間，意外的是，當自己陷入「無」的瞬間時，身邊那些定義我的大量信號也跟著一起被捲入，回歸於「無」。死亡帶來的教訓，就是那些社會定義我的信號，其實並非自己的本質。

這是很特別的教訓。當全世界的心理學家，都在研究社會信號如何改變一個人時，我竟領先他們，親自體驗了這個的文化。

改變是從外表開始。從醫學上來看，我破一百公斤的肥胖體重是可以預測的，我很明白暴飲暴食的樂趣，而腦科學家解釋我這種令人失望的情況，是源自於「意志力與習慣的問題」。

身邊的人總說我懶惰、成天只會吃、是個愚蠢的人，而我也不知不覺地將這些看法視爲理所當然，將自己變成他們所認爲的「我」。

我最先做的事情，就是將發出這種信號的人趕出我的生活圈。

當我遮蔽這些信號之後，我只花四個月的時間就減下將近一半的體重。本以爲自己會一輩子過著荒腔走板的人生，在遠離那些認爲我從此沒救的人之後便徹底改變，這股力量實在太過強大，即使我親眼見證也無法置信。

若內在的力量如此強大，那不光是這副軀殼，或許就連內心一直以來覺得低人一等、將我擊垮的那種感受，都能夠改變？在這個將人排序的社會體系當中，曾經體會到被人排擠在隊伍之外的感覺，那是我心中一個打不開的結。

我想再介紹一個親身接觸正面信號的經驗來說明這個問題。那個信號雖然簡單到令人難以置信，但我卻花了彷彿一輩子的時間等待它來臨。

一位音樂評論家說我的文章「很特別」，並遞了張名片給我，希望從我的文章中挑選幾篇出版成冊。當時我因爲閱讀障礙，不太能讀懂文章，所以幾乎是想到什麼就寫什麼，但他卻說我的文字很特別？

那位音樂評論家表示，我的文章有足夠的價値讓更多人閱讀，而那就是羅森塔爾的手指，他指著我的那些手指徹底改變了我。閱讀障礙是能夠治療的，治療我的醫師表示：「你應該承受了很多來自周遭的壓力。」

醫師說拆解那些壓力和閱讀障礙的治療息息相關，他說的沒錯。在三代都是教育家的家庭中，對我的學業期待在我無法成爲英才之後便立即消失，從那時開始，我所接收到的就只有忽視的信號，而接收的同時，那些原本只有一點模糊的文字就越來越無法看清楚。閱讀障礙殘酷地折磨著我，但就在想結束這一切的瞬間，那小小的正面信號接近自己，而它的力量十分強大，困擾一輩子的閱讀障礙問題消失，我也成爲經常登上暢銷排行榜的知名作家。曾經因爲無法閱讀甚至想自殺的自己，遇到了新的信號，靠寫作獲得成功。

過去總是錯一半以上的語言科目，如今卻能在考試中拿到滿分，數學也是花了一年的時間重讀，拿到了最高等級的成績，之前花了三年時間苦讀，成績仍然墊底的我，究竟發生了什麼事？有人來到我身邊，在禮川的這塊土地上，澆灌了正確的養分。

當然，不知道那位音樂評論家是否眞心認爲我「很特別」，但可以確定的是，他確實重新邀請我走入社會體系，那一句「你很特別」就是專家給我的邀請。

那一句話留在當時還是少年的我的腦海中，成爲獨特的力量。那是我接收過最好的信號。

而當時自己意圖自殺的地點，後來因爲電影拍攝而在藝術電影節上受到關注。雖然很不好意思，但我在電影中飾演的是「挽留意圖自殺的我」這個角色。

現在我能夠理解信號的力量。

不過這只是「我」的故事，對吧？現在我想從不同的角度來確認信號的力量，所以花費十年的時間，尋找、深入研究改變自己的信號力量，搭配前面介紹過的衆多國際專家學者做的研究、不同領域的故事帶來的教訓，說明我親身體驗的一個小團體的改變。

那個小團體的主角，是稚氣的國中生與高中生。我曾有三年的時間在京畿道一帶指導這些學生，頂尖的好學生理所當然地沒有來讓我指導，只有父母親已經有一定程度放棄孩子的學業，還有眞的與學習隔絕的學生會過來這裡。在那些討厭上課，會假裝家裡沒人在而不願意開門的學生面前，我所做的只有不斷將英文課本塞進門縫裡。

後來發現一位學生家中突然有了一把新的貝斯：

「你怎麼買貝斯了？」

「因爲想做音樂。」

「前幾天不是說想打籃球嗎？」

「因爲我不知道自己該做什麼。」

瞬間，我意識到把英文課本塞進門縫的行爲其實非常沒有意義，在被放棄的學生身上看到的不安，全都顯現在他們的臉上，這些孩子之所以不願意閱讀教科書，是因爲從中讀不到朝自己發射的信號。

「我看課本也沒用，我不會讀的。」

他話說完，我便靜靜地靠近貝斯，短暫地演奏了一下，然後接著去彈奏電子琴，演奏出讓他驚豔的旋律，接著就像那位音樂評論家走入我的人生一樣，我靜靜地看著那個孩子。

我暫時放下英文課本，放了一首英文流行歌曲，幾天之後我發現，那孩子的英文和記憶力其實很好，甚至能把英文饒舌歌詞背起來立刻跟著唱——他知道剛才唱出來的，其實是很高級的英文句子嗎？

「你的記憶力眞的很特別。」當時我在那個被學校當成問題兒童的孩子眼中，看見了某些東西在閃爍。那是當人接收到好的信號時、得知自己很特別的時候、在坐在教室前排的學生身上能看到的情景。

那之後發生的事有多麼驚奇，甚至無法用言語說明。那孩子的記憶力從流行歌曲，發展到將整本英文課本背下來的程度，我持續對他發送「他很特別」的信號，讓原本英文只有三十分的學生，竟拿到了八十分，創造出成績整整提高五十分的奇蹟。

「教師，我覺得我現在好像可以讀課本了。」

他說教科書是屬於自己的信號了。那孩子開始在上課時間，把跟他差不多的同學帶來，這些孩童開始互相將特別的事物傳達給彼此。

在那小小的房間裡，當我發出信號之後，便看到孩子從問題兒童變成懷抱夢想的人，這讓我微微地顫抖。原本只希望在一個領域拿到最佳成績的他，後來在每一個領域的成績都變得越來越好，他最後一次跟我聯絡，是在要進大學的那一年，他的聲音我清楚地記得。

「教師，我考上了。」

那孩子的成績足以進入我連想都不敢想的最高學府。有趣的是，那些他帶來的同學，也都考取了不錯的大學，一開始接觸到他們時，我並沒有抱太大的期待，但當微弱的火光開始綻放光芒時，他們便懂得跟隨那火光前進，或許那樣的迫切感，就像我一輩子所等待的信號也說不定。

若人們繼續讓這些孩子坐在教室最後面，將他們看成是不願意讀書的人，那在貝斯之後，他或許就會沉迷於打架也說不定。這就是信號的力量，但若能遮蔽不好的信號，那麼它將會成為我們的力量。

透過這本書，我深入地說明信號的力量有多麼大，以及對抗負面信號時我們能夠變得多麼強大。現在好好回顧一下自己吧，你在目前所處的領域中，接收著怎樣的信號？

當你遮蔽那些讓自己畫地自限的信號，對該領域做最深入的學習時，又能有多麼驚人的改變？

我們已經確認過這個問題的答案，現在就創造屬於自己的深刻解答吧！

Eurasian Publishing Group
圓神出版事業機構
用心與你對話．視野無限寬廣
圓神出版社
Eurasian Press

www.booklife.com.tw　　reader@mail.eurasian.com.tw

勵志書系 144

黑鑽定律：哈佛頂尖1%人士成就卓越的祕密

作　　者／鄭周榮（정주영）
譯　　者／楊爾寧．陳品芳
發 行 人／簡志忠
出 版 者／圓神出版社有限公司
地　　址／台北市南京東路四段50號6樓之1
電　　話／（02）2579-6600．2579-8800．2570-3939
傳　　真／（02）2579-0338．2577-3220．2570-3636
總 編 輯／陳秋月
主　　編／吳靜怡
責任編輯／歐玟秀
校　　對／歐玟秀．林振宏
美術編輯／金益健
行銷企畫／詹怡慧．朱智琳
印務統籌／劉鳳剛．高榮祥
監　　印／高榮祥
排　　版／杜易蓉
經 銷 商／叩應股份有限公司
郵撥帳號／18707239
法律顧問／圓神出版事業機構法律顧問　蕭雄淋律師
印　　刷／祥峰印刷廠
2020年10月　初版

하버드 상위 1 퍼센트의 비밀
（The Secrets from the top 1 percent of students at Harvard）

定價 330 元　　ISBN 978-986-133-720-3

我們現在也終於了解，慢慢接近我們腳下這條路最根本的本質，就是讓過去不曾被看見的黑鑽發光的方法。遮蔽一切、邁向最重要事物的瞬間，那道光芒就會變得最爲閃亮。

——《黑鑽定律：哈佛頂尖1%人士成就卓越的祕密》

國家圖書館出版品預行編目資料

黑鑽定律：哈佛頂尖1％人士成就卓越的祕密 ／ 鄭周榮 著；楊爾寧、陳品芳 譯. -- 初版. -- 臺北市：圓神，2020.10
288 面；14.8×20.8公分（勵志書系；144）
譯自：하버드 상위1퍼센트의 비밀
ISBN 978-986-133-720-3（平裝）

1.成功法　2.生活指導

177.2　　109005231